中國學術思想 研究輯刊

二四編

林慶彰 主編

第 10 冊

誰的天？
——明清之際傳教士與士大夫對於「天學」的不同認識

龔鈺珽 著

花木蘭文化出版社

國家圖書館出版品預行編目資料

誰的天？──明清之際傳教士與士大夫對於「天學」的不同認
識／龔鈺珽 著 ── 初版 ── 新北市：花木蘭文化出版社，2016
〔民 105〕
目 4+136 面：19×26 公分
（中國學術思想研究輯刊 二四編：第 10 冊）
ISBN 978-986-404-724-6（精裝）
1. 宗教哲學
030.8   105013482

ISBN-978-986-404-724-6

9 789864 047246

中國學術思想研究輯刊
二四編　第十冊　　　　　ISBN：978-986-404-724-6

誰的天？
──明清之際傳教士與士大夫對於「天學」的不同認識

作　　者　龔鈺珽
主　　編　林慶彰
總 編 輯　杜潔祥
副總編輯　楊嘉樂
編　　輯　許郁翎、王筑　美術編輯　陳逸婷
出　　版　花木蘭文化出版社
社　　長　高小娟
聯絡地址　235 新北市中和區中安街七二號十三樓
　　　　　電話：02-2923-1455／傳眞：02-2923-1452
網　　址　http://www.huamulan.tw 信箱 hml810518@gmail.com
印　　刷　普羅文化出版廣告事業
封面設計　劉開工作室
初　　版　2016 年 9 月
全書字數　98547 字
定　　價　二四編 11 冊（精裝）新台幣 20,000 元

誰的天？

──明清之際傳教士與士大夫對於「天學」的不同認識

龔鈺玨　著

作者簡介

龔鈺珽，畢業於宜蘭佛光大學，受教於李紀祥教授門下。碩士研究領域為東西方文化與知識交流。

提　要

　　羅明堅與利瑪竇進入廣州後，他們思考「傳教士」在中國是要扮演怎樣的角色。最初他們選擇「僧」，隨著時間的推移，發現這個身份並沒有幫助他們太多事情，反而使百姓把他們與異教的僧侶混淆了，這讓他們感到非常沮喪，所以傳教士們需要思考怎麼樣擺脫這種窘困，最後發現「士大夫」這個群體得到最大的尊重，知識涵養也是最充足的，與傳教士的身份相當，所以最後傳教士選擇「易儒服」。「易儒服」不只是外觀的改變，也會使內在產生變化，這樣的決定可以從初期的教義書籍之中看到角色的矛盾與身份的擺蕩。

　　明中葉之後，士大夫們一直希望朝廷修改曆法，但種種原因，朝廷一直沒有作為。直到傳教士帶來不一樣的曆法計算方式，士大夫對於修曆又燃起信心，在這樣的氛圍裡，神父們所展示的天文觀，激起士大夫群體熱烈的討論。因為新的學說是可被計算與檢測，所以他們將感興趣的內容都實驗了一次，才選擇是否要接受傳教士的知識，而不接受的那些士大夫，則將中國舊有的「天一重」概念重新提出與詮釋，與傳教士的「九重天」相互碰撞。不管是哪一方的士大夫他們的著作裡，都可以看的傳教士側重的「天主之學」被士大夫放一旁，反而屬於小道的「天文學」被重視，這種美麗的誤會都可以在許多著作中讀到，也能知道士大夫對於「天主」的接受程度怎樣。

　　《坤輿萬國全圖》的刊出，觀圖的士大夫對它上面的天文與地理內容，紛紛露出想了解的態度，但對於製作該圖的傳教士而言，此圖想傳達的訊息絕對不只有他們看到的這些。最主要還是要表達，教會傳統的天文學知識，這是一種包含天主之義的天文觀。可以說，《坤輿萬國全圖》就代表了教會傳統的宇宙觀，而接任者則是將輿圖中展示宇宙觀的概念延續下去，使今人可在各種利式輿圖裡讀到不同時期的宇宙觀。

目次

第一章　緒　論

（一）主題的設定

就「傳教士」的相關問題研究，在時間上，從民初到現在，研究的學者不曾中斷；在研究對象的選擇方面，傳教士個人的研究、傳教方式的研究、教義的解釋、與士大夫交往的研究及等等，議題是多面向的發展；研究材料的使用，傳教士的信件、傳教士的著作、士大夫的著作等，都是可選擇的內容。

不管這些研究內容的主題為何，有幾件事情是會被提到的，即使沒有專門討論，也會在文章裡書寫到。第一件事為，利瑪竇（Matteo Ricci，西元 1552 年～1610 年）決定將身份轉變成士大夫，不管是外表或是著作撰文的方式，都要與士大夫相同，所以「易儒服」，被學者視為傳教方式與目標改變的最大特徵。第二件事為，利瑪竇製作的世界地圖吸引到士大夫的目光，所以他們就跟傳教士學習西方知識，也因為這樣的交流，歐洲當時的知識，只要是傳教士們會的，都與士大夫們分享，這是學者讚揚傳教士為文化交流做出貢獻。

這兩件事情，在研究利瑪竇與研究傳教士如何在中國立足的議題裡，都具有舉足輕重的地位，大多數學者都還是正面認同利瑪竇這樣的決定，雖然有一部份學者認為他其實沒有做到傳教士應有的責任，但耶穌會士確實比其他教會團體在中國擁有更好的基礎，這一個優勢就能證明，利神父的決定起到關鍵作用。

但，當全部的研究都在說明「易儒服」之後的改變，這是種外貌的明顯的變化，利瑪竇所希望的不只是服裝的不同，更多的是在內在與士大夫的一

樣，所以在著作的書寫也會偏向士人階層所喜愛的那樣子。那麼，傳教士面對自身的定位猶豫及選擇身份，這樣的過程，應該是可以從他們的書籍可得知的。基於這樣的想法，尋找「易儒服」以外，能知道傳教士這種變化，便是由這些書裡找線索，這是本文的第一個欲討論的內容。

再來，這是一個剛進入東方的宗教，教義裡最重要的兩大個概念，「天堂」與「天主」。這樣與東方傳統不相同的概念，該如何跟中國人說明？加上佛教既有的天堂地獄觀，又該如何與之區別呢？所以，傳教士們便以「九重天」圖爲基礎，從這個圖介紹「天堂」的位置，也從該圖說明「天主」的偉大。這樣的概念，便由傳教士一個一個書寫給中國人看，讓他們看到不一樣的宇宙觀。這個天文體系，是建立在基督教傳統教義上面的，天文與神學完美結合。這也是傳教士欲藉由「九重天」圖，對士大夫傳達「天堂」與「天主」的原因，只是這些教義的進入，士大夫們又是如何看待的。一些學者認爲，教義本身，因爲傳教士的轉譯，讓士人認爲該宗教與儒家類似，進而產生好感，才開始接納，再加上他們帶來的西方知識，確實能幫助當時的社會問題，這些因素加總在一起，使得士大夫與傳教士往來密切。

但，不管這些與傳教士往來的士大夫剛開始的想法是如何，他們確實也將教義吸收後，再選擇要與不要的內容，才又轉化成爲文字，使人透過他們的書寫了解到他們的想法。透過這樣的吸收消化再轉化的過程，很多知識的選擇並沒剛開始那麼排斥，如徐光啓在初與傳教士見面時，明確說出只想學傳教士的科學知識，在後期的著作裡可以見到「天堂」與「地獄」以及其他基督教義。所以，本文藉由徐光啓、李之藻與楊廷筠所留下的著作，來觀察他們對於基督教義是如何了解，又有什麼轉變。

接著，傳教士帶來的多重封閉天體概念，在士大夫中引起了討論，一來中國故有「九天」之說，再來這些知識確實是可被計算檢驗的，也因爲這一點才使得士大夫願意進行討論。當然，有了信任的一方，就有不認同的一方，另外一群士大夫便將宋代以來提出的「天一重」說法再次拿出來使用，與「九重天」形成對立的場景。而本文則想討論，接受傳教士知識體系的士大夫，他們是如何理解這樣的概念，又對這個體系進行怎麼不同的轉化再敘述。

最後，當多數學者在討論利瑪竇的《坤輿萬國全圖》，都將它分成塊狀來討論，雖然大家都知道這幅圖在表達的不只是地理學，傳教士當然不是來中國教授西方知識的，更重要的是在佈道，但學者大多並未將西方知識與教義

綜合起來觀看，從這幅圖開始便在闡述完整的教會宇宙觀，在它之後這樣的概念有繼續傳承下去，這是本文欲討論的最後一點。

首先，針對「易儒服」這件事，是改變士大夫對傳教士態度與既定印象的開始，而他們能在傳教策略的靈活變通，是在於耶穌會本身對於傳教工作並沒有太多硬性的規定，在《耶穌會簡史》中就有說明這樣的狀況：

> 耶穌會因其靈活性、應變能力和適應能力（即後來所謂的適應方式）尤其適於傳教。……正式傳教以前，神父們通常要學習所在地區或他們將要照顧的人羣的語言。除了全心全意學習語言，他們還需要深入了解傳教地區的文化與宗教，考慮怎樣把福音的傳講與當地已有的文化和宗教完美地結合起來。……耶穌會取消修會統一服裝的做法對「適應方法」十分有利。傳教士可以因勢利導，在印度裝扮成婆羅門或賤民，在中國裝扮成佛教僧侶或滿人。〔註1〕

因為取消統一的修士服裝規定，並且要神父們傳教前先了解當地的文化及宗教，所以羅明堅先選擇著僧人服，而利瑪竇拒絕被中國人當僧人，改著儒服，也是耶穌會對於神父穿著沒有強制規定。

許多學者在討論與研究明末傳教士的議題，都不會繞過改穿儒服這一件事情，如謝和耐（Jacques Gernet）在《中國與基督教——中西文化的首次撞擊》中寫到傳教士是從日本傳教經驗先行穿僧侶服，發現他們沒有得到想像中的尊重，利瑪竇才決定改穿儒裝。〔註2〕而艾蒲田（Rene Etiemble）在《中國之歐洲（上卷）》裡說到利瑪竇從 1581 年開始，放棄使中國人歐洲化，將教袍換成北京僧侶的衣服，並將自己的名字漢化，也教授士大夫關於西方科學知識，他對利瑪竇吸引士人階層的方式稱為「哄騙」。〔註3〕又如夏伯嘉（R.PO

〔註1〕 彼等‧哈特曼（Peter C. Hartmann）著：谷裕譯，（台北：光啓文化，2003 年），頁 78。

〔註2〕 謝和耐在其著作裡說明這一件事情的：第一批入華的耶穌士們也如同在日本一樣，采納了佛教僧侶們的稱號與儀表，希望這樣一來能更容易地進入中國並歸化中國人。但他們非常驚奇地發現，傳教士們在該國內沒有他們在歐洲擁有的那樣多權威與威望。因此，他們要求變佛教僧侶的袈裟為儒士的長袍。直到那時為止，大家都在不同程度上把他們與佛教僧侶相混淆了，都把他們視為一種新的和尚。利瑪竇掌握了中國經典。他在到達肇慶的 12 年之後，首次於 1595 年 5 月身著儒裝露面。

〔註3〕 艾蒲田認為利瑪竇這一系列的行為，從改變穿著、改變名字、不與百姓接觸到教授西方科學技術，這是為了哄騙中國文人，然後才敢向他們解釋基督教的教義。

－CHIA HSIA）在《利瑪竇：紫禁城里的耶穌會士》中提到利瑪竇就曾抱怨要說服中國人他們不是僧侶的難度很大，所以他決定蓄髮並穿儒家學者的四方高帽。〔註4〕耶穌會士加萊格爾（Louis J. Gallagher）在《利瑪竇中國札記》的英譯〈序言〉說到他穿了六年的僧袍，然後才換哲學家的衣袍，哲學家是中國最高的知識階層。〔註5〕羅光在《利瑪竇傳》中就使用一節說明利神父決定改變穿著的過程，這裡就提到瞿太素有向他建議不該再穿僧服，因為中國人對僧人的態度是輕視的。〔註6〕朱維錚在《利瑪竇中文著譯集》裡的〈導言〉直接說利瑪竇決定改變穿著，變得像士大夫這個決定，是失敗的，因為傳教就變成不是最重要的事情了，他認為利神父作繭自縛。〔註7〕計翔翔〈關於利瑪竇戴儒冠穿儒服的考析〉一文，主要是在確定利神父何時開始「易儒服」，因為外表的改變是傳教士「附儒傳教」最直觀的舉動。〔註8〕

　　從上述的研究中可以知道，「易儒服」這樣的改變對於傳教士來說是非常重要的一件事，但更多是在討論這個改變後，他們如何與士大夫交往，不管是著作書寫的方式。那在此之前呢？傳教士是如何決定第一個身份「僧」？除了「易儒服」能代表身份的改變外，沒有其他的資料可以討論相關的情形嗎？利瑪竇決定全面性的向「士大夫」發展，這是所有傳教士都接受的嗎？

　　羅明堅（Michele Ruggieri，西元 1543 年～1607 年）的《天主實錄》，就提供可分析「僧」與「士大夫」身份選擇的思考及擺蕩。因為這本書目前有兩個版本，一個是原本自稱為「僧」的萬曆年間版，另一個是選擇為「士大夫」的崇禎年間版本。從這兩本書裡，就能知道在未決定當士大夫前，傳教士對自身的定位，清楚的呈現在書寫中，也能從內文知道，當時他們尚未為基督教定下專屬的宗教使用詞彙，更多是直接使用中國既有的宗教語詞。然而，在選擇當士大夫後，羅明堅對於該書的修改，就能了解到傳教士接受了這個新的身分。

〔註4〕（美）夏伯嘉著；向紅豔、李春園譯，《利瑪竇：紫禁城里的耶穌會士》，（上海：上海古籍出版社，2012 年），頁 144。

〔註5〕明・利瑪竇、金尼閣著；何高濟、王遵仲、李申譯，《利瑪竇中國札記》，（北京：中華書局，2010 年），頁 33。

〔註6〕羅光著，《利瑪竇傳》，（台北：臺灣學生書局，1983 年），頁 68。

〔註7〕明・利瑪竇著；朱維錚主編，《利瑪竇中文著譯集》（上海：復旦大學出版社，2001 年），頁 28。

〔註8〕黃時鑒主編，〈關於利瑪竇戴儒冠穿儒服的考析〉，《東西交流論譚》，（上海：上海文藝出版社，2001 年），頁 2。

　　而對於讀者群的選擇，並不是每位傳教士都與利瑪竇一樣。利神父的《天主實義》就是以士大夫為目標的內容，所以內容書寫大量使用儒家經典，力圖使該書向士人階層靠近。但，繼任的龐迪我（Diego de Pantoja，西元 1517〜1618 年），在接著寫《天主實義續篇》時，就做出了不一樣的選擇，雖然士大夫的身份不變，卻以一般百姓為閱讀的基礎群。

　　復次，與傳教士往來密切的士大夫，有些受洗為教徒有些則無，研究他們的內容也是正面肯定他們為基督教做出了貢獻，有部份學者認為受洗的士大夫動機不純，如孫尚揚在《明末天主教與儒學的互動》就對徐光啓的受洗目的提出疑問。〔註9〕只是，這樣的歸納與分析，還存不存在其他的可能性？這些士人對於基督教義，他們理解的與神父想表達的一樣嗎？

　　對於士大夫在傳教士所教授的知識上，他們如何選擇，而在基督教義的認識與解釋，又怎樣理解？這些可從他們為傳教士著作所撰的序言或是自身的著作來討論。如：徐光啓是從世界地圖開始接觸傳教士的〔註10〕，利瑪竇又提供他西方治水方法讓他解決多年都無法處理的水患問題〔註11〕，最重要的是他說服皇帝使用西方的治曆方式，來修改一直出問題的舊曆，所以他清楚的知道傳教士是來發展宗教信仰的，但是他明確的說，他對西方知識比較有興趣〔註12〕。李之藻也是從世界地圖開始與傳教士往來的，他對基督教義的認識，全都建立在儒家的教育上，所以他把基督教義附在儒家經典之下。楊廷筠的狀況比較特別，他一開始就先接觸到基督教義，只是當時沒有其他的想法，之後他去李之藻家弔唁時，遇到兩位神父，相互交談後被感召了，對天主充滿興趣，之後的著作書寫的內容就與當時傳教士的書寫沒有太多的差別。

　　黃一農在《兩頭蛇》一書中有說到，「東林黨人之所以接納天主教，不僅因他們都與閹黨為敵，更因彼此在思想上的共性，同對提倡虛無的佛教以及空談心性的王學末流不滿，且都重視開物成務、經世致用之學；尤其，東林學者和奉教士人大多相信天主教的思想本質與儒家大同小異，因此加以肯定

〔註9〕　孫尚揚著，《明末天主教與儒學的互動》，（北京：宗教文化出版社，2013 年），頁 154。
〔註10〕　明・徐光啓著；王重民輯校，《徐光啓集》，（台北：明文書局，1986 年），頁 86。
〔註11〕　明・徐光啓著；王重民輯校，《徐光啓集》，頁 66。
〔註12〕　明・徐光啓著；王重民輯校，《徐光啓集》，頁 75。

和認同。」〔註13〕，他認爲這些與傳教士交好的士大夫，對於天主教義的本質是與儒家相同的，所以才肯定與認同。

鍾鳴旦（DR.N STANDAERT）在《楊廷筠 明末天主教儒者》一書裡提到，楊廷筠清楚的知道這個新宗教是外來的，所以需要藉由自身的的經驗來理解它，作者認爲這不是純粹的部道和接受基督信仰，是兩個文化重要的接觸。耶穌會士用「適應」方式，用中國文化解釋基督宗教，在闡釋的過程，他們選擇並接受一些中國觀念。中國人也是如此，他們用自己的思想概念爲根據來闡釋基督宗教。鍾鳴旦不覺得這些基督教義已經是純粹的傳統教義，它們已經被傳教士先內化轉譯，然後士大夫再接受理解，這已經過多道思想轉折了。〔註14〕

就如朱維錚所言，從利瑪竇選擇「易儒服」開始，傳教士所著之書，再也無法是純粹的基督教義，更多時候它們需要符合讀者的思考模式，也就是使用儒家經典或教義來詮釋基督教義。而士大夫們所閱讀到的內容，則是已經被傳教士們選擇過後的內容，所以他們不覺得這些教義與儒家經典有何不同，也使得多數士人認爲這個新宗教與儒家是相似的。

在，士大夫最感興趣的天文與地理學，這也是資料最豐富最多樣的內容，學者在這兩大領域裡找出各種類型的研究主題，而討論的基礎是在認定西方知識的加入對中國傳統的知識是有所影響的。只是，這些影響的力道有多大？接受西方知識的士大夫，都沒有懷疑嗎？

傳教士所帶來的天文學知識中，對他們而言最重要的內容就是「九重天」的多重封閉天文體系概念，這個體系不只是天文概念，它還代表著「天堂」的位置，所以傳教士在這方面的書寫很多。因爲明末時期，歐洲的天文學有重大的改革，所以有學者認爲傳教士散播的學說是在阻撓最先進的思想進入中國，如李約瑟（Joseph Terence Montgomery Needham，西元1900年～1995年）在《中華科學文明史 2》中就說到，「傳教士帶去的世界圖式是一個封閉的宇宙，地球處在宇宙的正中央，套著一重重的水晶球，當傳教士在宣揚這套理論時，歐洲最先進思想在打破封閉宇宙，因此他們的錯過是阻撓哥白尼

〔註13〕黃一農著，《兩頭蛇：明末清初的第一代天主教徒》，（上海：上海古籍出版社，2006年），頁127。

〔註14〕（比）鍾鳴旦著，《楊廷筠 明末天主教儒者》，（北京：社會科學文獻出版社，2002年），頁275。

日心說在中國傳播。」〔註15〕他稱這樣的封閉宇宙爲「水晶球體系」，並認爲哥白尼學說無法在中國流傳是因爲傳教士故意阻撓的。

江曉原在《歐洲天文學東漸發微》裡就接受李約瑟對該體系的稱呼，他在文章裡簡單說明「水晶球體系」是從亞里斯多德時期就已有的概念，然後經過教會融合才有傳教士所帶入中國的天文體系。〔註16〕從學者的研究可以了解，「九重天」裡的「天堂」成份已不在學者研究的範疇裡，更多的是在關心歐洲天文學知識與中國傳統天文學交會時所產生的作用。

而，傳教士欲散播的是「天主之學」與士大夫想學習的「天文學」兩者已有極大的差異。前者的「天主之學」中本來就帶有當時教會認定的天文學知識，而後者自動將前者想要表達的「天主之學」剝掉，只留下他們想知道的「天文學」，至於傳教士所說的教義，全都被士大夫歸爲「性命之學」，當時會想了解「天文學」的士大夫不一定會想要了解「天主之學」。

不管是接受還是懷疑西方知識的士大夫，他們在閱讀這些內容時，最先抱持的心態就是「懷疑」，這些天文相關知識，只因它們是可被計算與驗證的，所以這些士大夫大部份都照著傳教士所說的去做測驗，花費許多時間與功夫來求證這一切，士大夫對這些知識的認同與否，其基礎就是他們已經實驗過才做出了選擇，並寫下自己的想法。

利瑪竇所製作的《坤輿萬國全圖》，吸引明末至今所有學者的目光之作，對於明末士大夫而言，這張地圖爲他們展示不一樣的世界觀，對現今學者而言，這張圖承載了東西方文化交流，留下許多可研究且多面向的議題。

洪煨蓮在《禹貢》所寫的〈考利瑪竇的世界地圖〉一文，他是從《方輿勝略》開始追溯起，仔細考究該地圖的各個版本以及流傳的狀況。〔註17〕陳觀勝也在同一期《禹貢》撰〈利瑪竇對中國地理學之貢獻及影響〉一文，作者將地圖內含文字與地理知識介紹給讀者，並說因爲該圖廣受流行，也因這

〔註15〕英‧李約瑟著；羅南改編；上海交通大學科學史系譯，《中華科學文明史》，（上海：上海人民出版社，2002 年），頁 226。

〔註16〕江曉原、鈕衛星著，《歐洲天文學東漸發微》，（上海：上海書店出版社，2009年），頁 383。

〔註17〕洪煨蓮著，〈考利瑪竇的世界地圖〉，收錄《禹貢半月刊》，第五卷，第三四合期，（北平：禹貢學會，1936 年），頁 1。

原因刊刻者多，卻沒清楚標示是利瑪竇繪製的，內容也與原圖有誤，所以這幅世界地圖就漸漸沒再流傳下去了。〔註18〕

　　日本學者鮎澤信太郎在其著作《利瑪竇の世界地圖》中，則說到這幅地圖有哪些明末士大夫在所撰書籍中收錄過，並對日本鎖國時期的地圖有何影響。〔註19〕之後的海野一隆也撰寫多本日本地圖相關的書籍，如在《東西地圖文化交涉史研究》中，使從《圖書編》裡的世界地圖當做切入點，隨後才是畢方濟帶入日本的世界地圖，有趣的是，他把中國傳過去的世界地圖稱為「東漸」，後來西方直接傳入的地理學知識稱為「西漸」。〔註20〕

　　黃時鑒與龔纓晏合著的《利瑪竇世界地圖研究》一書，內容分為三部份，第一個部份將利瑪竇每個時期製作的地圖都列舉出來，並討論各個版本的些微不一樣。第二部份則是說明他在製作地圖時用到的資料有哪些，士大夫有哪些反應。第三部份將全圖的文字摘取出來，方便讀者閱讀。

　　祝平一在〈跨文化知識傳播的個案研究——明末清初關於地圓說的爭議，1600～1800〉文中有說到地圓是屬於上帝的製作，「利氏以世界地圖介紹自身所處的世界，也將當時士人引入一個新的世界觀中，但當時的士人則多數將世界地圖視為鄒衍的瀛海九州和《山海經》一類奇聞。對於傳教士而言，天地萬物的終極原因都必須歸諸上帝，而大地之圓乃上帝傑作之一。就信仰而言，傳教士即因地圓和上帝之關連，自須將地圓的談法引入中國。但在引介陌生的地圓說時，利瑪竇也不忘引經據典，以減少士人的疑慮，並將自己形塑為一個可靠的知識傳遞者。」〔註21〕作者有提到地圖裡的地圓就是上帝的傑作，因為信仰關係需要將地圓說引入中國，但利瑪竇在介紹時也是需要引經據典，才能減少士大夫的疑慮。

　　不管是明末士大夫抑或是現在的研究學者，在面對利瑪竇的世界地圖時，都已經習慣只閱讀地圖中的地理知識，研究這些知識如果與中國傳統文

〔註18〕陳觀勝著，〈利瑪竇對中國地理學之貢獻及其影響〉，收錄《禹貢半月刊》，第五卷，第三四合期，（北平：禹貢學會，1936年），頁51。

〔註19〕鮎澤信太郎著，《利瑪竇の世界地圖》，（東京：龍文書局，1941年），頁16。

〔註20〕海野一隆著，《東西地圖文化交涉史研究》，（大阪：清文堂出版株式會社，2003年），頁35。

〔註21〕祝平一著，〈跨文化知識傳播的個案研究——明末清初關於地圓說的爭議，1600～1800〉，《中央研究院歷史語言研究所集刊》，卷期：69：3，（台北：中央研究院歷史語言研究所，1998年），頁642。

化如何交融及使用，但，這幅地圖只能這樣子閱讀嗎？它沒其他的關圖方式嗎？若存在其他的閱讀法，又該如何觀看該圖呢？

當時利瑪竇製作地圖，是把宗教、天文與地理都一同放置在輿圖上，這代表利神父是有思考過該如何製作，才選擇這樣的擺放，只因士大夫觀看的方式是各自挑選喜歡的了解，所以研究這些士大夫作品的後人學者，也是依照這樣的分類進行研究，沒有將這些地圖的內容，視爲一個大整體。所以，需要將閱讀方式定爲，「宗教──天文──地理」這樣順序，才是符合利瑪竇製作地圖的情境。

（二）關於傳教士與士大夫

所有事情的發生，在萬曆十一年（西元 1583 年），羅明堅與利瑪竇從澳門進入廣州的那一刻，就此展開。他們明確的知道，在這一塊完全陌生的國度，將渡過許久的日子，而他們來到這裡的目的，就是要散佈基督教義，使天主的恩典讓異域的人們也能感受到。

幸運的事，他們一到廣州，當地的官員就熱情的接待神父們，又經過一段時間的交流與互動，地方長官對於傳教士的談吐與博學非常有好感，就時常與他們來往，這樣密切的關係讓當地人感到不滿，所以神父們一直想辦法要改變這種劣勢。

再者，地方官員與一般百姓對他們身份的認知有問題，雖然當時傳教士會自稱「僧」，但他們非常清楚自身與那些偶像崇拜者的性質完全不同，若任由他們這樣誤會下去，這個新宗教與天主之義，都將會與異教的一切混在一起，這對他們而言絕非好事，尤其他們還需要發展信徒，擴大教會的規模，不能任受洗的人們分不清他們與異教的差別在哪。

而且，他們在這個國度生活得越久，就知道目前所使用的身份，在這塊土地上並非最崇高的人，這與他們在印度所見到的狀況完全不一樣。所以，他們必須再換一個身份與當地人交流。

傳教士剛到中國時，他們並沒有馬上宣揚教義，一來是因爲對於這國家的語言及習慣都未搞清楚，再來他們不想太引人注目，尤其他們的長像與當地人差太多了，加上，神父們知道新的宗教要在陌生的土地上生根，是需要耐心與時間的等待，才會結出美麗的果實。

神父沒找百姓傳教，反而把他們從歐洲帶來的器物，擺放在教堂裡，或

是當成禮物送予官員，藉由這些東西的展示，除了引起大量當地人的觀看外，中國的知識份子也慢慢與他們往來及互動。有一位學者，被神父會煉金術的傳聞吸引，然後主動向神父求教，認真學習一段時間後，這位學者知道，為什麼傳教士們那麼博學多聞，因為他們擁有的學識是與中國完全不同的知識體系，他認為這些知識可以讓更多人了解與學習。所以，學者就跟神父建議，你們不應該自稱僧人，穿得跟僧人一樣，你們的學識涵養及高雅談吐，都與我們一樣，所以你們在外表的穿著，就要與我們相同，這樣的改變才能讓更多的學者願意和你們交往互動。

利瑪竇他們聽到這位學者的建議，就想到在這之前，他們也在思考是否要不要換個身份與人交往，剛好他的意見提出，很符合傳教士的需求，幾經思量，就決定讓傳教士的外表跟當地學者一樣，希望身份混淆的狀況會有改善。這樣的轉變，馬上就得到回饋，原本就互動良好的官員，看到神父們穿著的改變，在態度上變得更友好且尊重他們，除了廣州當地對他們成見過深的居民外，其他地區的民眾看到傳教士，如同見到當地學者一樣的敬重，神父們覺得事情往好的方向走，他們對於信徒的發展與教義的散佈更具信心了。

將觀看的視角轉向傳教士口中的學者，士大夫的身上。當這群外國人來到廣州時，他們的長像與所帶來的物品，都引起眾人的討論。日子一長，人們就知道這些外國人是來中國發展宗教的，他們所說的宗教，好像與佛教類似，而且穿著也與和尚們一樣，所以當地人稱他們為「僧」。

而這群外國僧侶，到地方的寺廟拜訪，廟內的和尚非常歡迎他們的到來，並贈與一些佛教經典給他們，就好像，這個新宗教是佛教的另一部份，所以和尚看到傳教士很開心。

因為這樣的印象，剛到中國的傳教士，在士大夫的作品裡，曾被稱為「蕃僧」，這是較為蔑視的稱呼。向神父求教煉金術而轉向學習西方知識的瞿太素，在回覆長輩的詢問，稱他們胡洛巴人，多數文人則使用「大西」、「泰西」或「遠西」這樣的詞彙來統稱傳教士。

神父將一些鐘擺、地圖與繪畫放在教堂裡，確實吸引一部份士大夫向他們詢問地圖的相關知識，傳教士終於找到如何引起這群學者興趣的方法，那就是向他們展示與中國完全不同的知識。

這些關注西方學問的士大夫，發現神父所帶來的知識，是可以解決當時中國社會一些問題。如：徐光啓一直為水患的問題憂心，數十年都在找尋有

效的治理水患問題的方法，但是沒人能提供他一些較好的方式，然後利瑪竇跟他說西方是如何治水並將相關資料給他，對此，他非常感謝利神父的幫忙，所以與傳教士的往來一直沒斷過；又如：李之藻從年輕時，就一直想重新製作一幅中國全圖，所以他閱讀大量的地理相關書籍，直到看到神父所繪製的世界地圖後，才知道他以前所學的知識還不足以讓他製成一幅中國地圖，所以李我存將工作之餘的時間都放在學習西方地理學相關的知識。

傳教士用自身的學識，向士大夫證明，他們是可信的。士大夫回應他們的是，尊敬的稱傳教士為「西儒」，所以彼此在學問交流的基礎上，互動相當愉快。到此，可以發現，傳教士的身份已經完全轉變成功，從「蕃僧」的輕蔑感，到「西儒」的尊重。

神父已經完全融入這個社會與這個群體，他們像士大夫一樣熟悉的使用儒家經典來書寫作品，也擁有與文人相同的模樣及舉止，這些種種的改變使他們在人際往來上不再有阻礙。但是，他們最初的想法與最終的目標，都是在中國發展基督教，雖說知識的交流是與士大夫往來的基礎，但不能全部都以這些內容來跟他們互動，這樣是無法發展信徒的。

士大夫也習慣與神父往來，他們也知道這個新宗教與佛教完全不同，他們更知道傳教士是想要將基督教的根深埋在中國。但，有些士大夫就明確的說，服侍天主是傳教士最重要的工作，教授西方學識只是順帶的內容，只是，我們比較想了解與學習的就是西方的知識，至於天主教義，等待完全相信神父後再討論。

士大夫這樣的回應，不知道是傳教士的成功或失敗。他們順利的融入中國最有影響力的士大夫圈子，卻無法有效的讓這群尊貴的人全都信仰天主，只有一部份人願意接受基督教義，更多的文人只想了解除了神學以外的西方知識，就傳教而言，在士大夫的階層是失敗無疑的。

從傳教士與士大夫的交往可以知道，彼此關心的重點完全不同。傳教士的工作就是為天主散播榮光，文人則對不同的知識體系感興趣，尤其這些知識確實能有效的幫助到他們。

這樣美麗的誤會，不只在學問的交流，更出現在教義的解釋上。傳教士為了讓更多文人閱讀基督教義，所以著作的書寫方式都是用儒家經典來解釋天主之義，當士大夫在觀看時，是用自身已存在的儒家教育來思考這些宗教義理，才會有士大夫認為，這些知識學問，古聖先賢們都已經討論過並在典

籍中留下紀錄了，你們只是在爲儒家經典做補充與佐證，這些宗教義理只能證明「東海西海，心心相印」。

（三）章節安排

　　章節的安排，第二章主要是討論傳教士如何建立重要的「天堂」觀念。天堂與地獄的概念，佛教的經典就已存在了，神父在身份定位上出現了危機，他們勢必要將這個概念完全仔細的與佛教意思區分開來，才不會讓信徒對教義充滿迷惑。所以第一節先討論傳教士們身份選擇的過程，以《天主實錄》、《天主實義》與《天主實義續篇》進行討論。第二節討論的內容是傳教士如何建立「天堂」的概念，並以「九重天」圖做爲「天堂」位置圖。第三節則是以徐光啓、李之藻及楊廷筠他們爲傳教士所作的序文來討論他們如何理解天主教義。

　　第三章主要是在討論士大夫關心的天文學，雖然「九重天」是被做爲天堂的位置示意圖，但它確實也是當時歐洲所流行的天文觀念。第一節討論接受並使用它的士大夫，除了它是可計算的以外，就是古籍裡早有「九天」的概念，並不是真的信服這個學說的正確性才完全相信它的。第二節是在說明另一部份士大夫，將以前的天文觀再次提出來詮釋，認爲天只有一重。

　　第四章主要想討論利瑪竇《坤輿萬國全圖》的閱讀方式再思考，做爲一個完整的輿圖，裡面所放置的內容應該都是有意義的，不應該被拆開觀看與閱圖。第一節先從亞里斯多德談起，這樣的宇宙觀並不是教會所創造的，而是繼承古希臘時代的知識，加入基督教義後，才變成中古世紀流行的天文觀，這樣的宇宙觀也在這幅地圖裡呈現。接下來的兩幅傳教士所繪製的世界地圖，他們也將當時認知的宇宙觀放到地圖裡，所以閱讀這些地圖，應該要將這些內容視爲一個整體，而不是像士大夫一樣各自找感興趣的內容觀看。第二節則是討論士大夫閱讀完地圖後，在自己著作裡留下所想的內容，這時士大夫提出了「何妨求野」的想法，這個想法的背後，還是把儒家放在最高的位置，西方的學說只是再傳回中國罷了。

第二章 「天堂」的入華與重新建構

第一節 「僧」與「儒」身份的猶疑

　　傳教士初入中國，該如何快速且有效的融入當地群體，是他們要先解決的事。學習語言與文字雖然是必須要做的，但也不是短時間就能見效的事情，最快的方式就是穿著跟當地人一樣，讓當地人覺得傳教士也是這裡的人，《利瑪竇中國札記》裡就紀錄傳教士改變穿著的內容：

> 從他們入境時起，他們便穿中國的普通外衣，那有點像他們自己的
> 道袍；袍子長達腳跟，袖子肥大，中國人很喜歡穿。〔註1〕

穿著與中國人一樣，過著聖潔的生活，讓人們習慣他們的存在，並知道這個新的宗教群體是善良而無害的，很快的，他們就引起當地的官員的注意，因為談吐高雅與學識豐富，官員樂於與他們往來。沒多久，一位中國人改變了信仰，成為基督徒，這位信徒是當初他們所選擇穿著的人們，一般的百姓，《札記》〔註2〕中留存著第一次受洗的資料：

> 中國第一個公開信仰基督教的人來自最低層的百姓。上帝顯然選擇
> 了地上微小的東西來挫敗巨大的東西。〔註3〕

〔註1〕 明・利瑪竇，金尼閣著；何高濟、王遵仲、李申譯，《利瑪竇中國札記》，頁168。

〔註2〕 因文章需多次引用《利瑪竇中國札記》內容，所以之後行文時便把該書簡稱《札記》，方便書寫。

〔註3〕 明・利瑪竇，金尼閣著；何高濟、王遵仲、李申譯，《利瑪竇中國札記》，頁170。

這位接受信仰的百姓是因為得到不治之症，家人拋棄他，傳教士憐憫他便將他帶回教堂休養，在生命的最後一刻才成為信徒。雖然已有中國人受洗成為基督徒，但傳教士在這塊土地仍是不受歡迎的，不被接受的原因有上述所提到的受到官員們讚賞，還有當地居民對外國人的不信任感。

當時在中國當拓荒者的傳教士是羅明堅與利瑪竇，他們面對異國的人們對他們的態度多數是不友善時，努力的想盡辦法要改變這樣的困境，想著是不是要再次的改變穿著。這個想法，除了是因當地人的不友善外，還有人們對傳教士的定位也出了問題，《札記》存有當時官員送給傳教士匾額的盛況，也直接反應出所有人對傳教士乃至整個基督教〔註4〕的誤解：

> 兩塊這樣的匾按傳統的盛況和遊行送到教堂。其中一塊他要放在教堂的門口，那也是整個建築的大門。這塊匾上刻著：「仙花寺」。另一塊，他吩咐放在接待賓客的會客廳，上面刻著「西來淨土」。
>
> 〔註5〕

匾額內容直接稱教堂為「寺」，而他們待客處也被稱為「淨土」，顯然官員們把這個宗教看待成佛教的一支，這些傳教士被認定為「和尚」。隨著傳教士在中國的時間越久，越了解這塊土地的風俗民情後，發現這種定位是不妥的，基督教怎麼會與佛教一樣呢？只是他們的某些行為確實會與「和尚」重疊，《札記》也說道利瑪竇已經發現這樣窘迫的事態：

> 神父和中國寺廟裡的和尚所行的某些職能有類似之處，使得百姓們用同一名字來稱呼這兩種根本不同的東西。〔註6〕

既然都已經知道問題所在，身份的定位被誤認其他宗教的一支，就想辦法解決了，利神父也提出了一些意見，希望能有些改善：

> 利瑪竇神父對視察員神父說，他認為如果他們留鬍子並蓄長髮，那是會對基督教有好處的，那樣他們就不會被誤認作偶像崇拜者，或者更糟的是，被誤認為是向偶像奉獻祭品的和尚。……經驗告訴他，

〔註4〕當時耶穌會，在今日被歸為天主教，但當時的傳教士作品中他們仍稱自己為基督教。所以，本文所提到的基督教均是廣義的基督教，並非後來仔細區分的基督教與天主教。

〔註5〕明・利瑪竇，金閣尼著；何高濟、王遵仲、李申譯，《利瑪竇中國札記》，頁173。

〔註6〕明・利瑪竇，金閣尼著；何高濟、王遵仲、李申譯，《利瑪竇中國札記》，頁276。

　　神父們應該像高度有教養的中國人那樣的裝束打扮，他們都應該有

　　一件在拜訪官員時穿的綢袍，在中國人看來，沒有它，一個人就不

　　配和官員，甚至和一個有教養的階層的人平起平坐。〔註7〕

他建議要先蓄鬍子跟留長髮，尤其中國人講究「身體髮膚受之父母」的「孝
道」觀念，只有「和尚」才會把鬍子與頭髮都剃除乾淨。再來，就是要擁有
一件能與官員或士大夫相互往來的衣服，而利瑪竇特別把衣服的事提出來，
是因為明初時就已將各種階層的人，所穿戴的衣著都仔細的規範著，到了晚
明，雖然經濟富庶，經商的百姓可以穿得很華麗，但還是有著不同的標準，
士大夫與僧尼的衣服都各有規定，《明史・輿服三》的資料就可以看得到這樣
的差別，內容所載：

　　儒士、生員、監生巾服：洪武三年，令士人戴四方平定巾。二十三
　　年定儒士、生員衣，……二十四年，以士子巾服，無異吏胥，宜甄
　　別之，命工部制式以進。太祖親視，凡三易乃定。生員襴衫，用玉
　　色布絹為之，……貢舉入堅者，不變所服。……萬曆二年禁舉人、
　　監生、儒生僭用忠靜冠巾，……違者五城御史送問。

　　僧道服：洪武十四年定，禪僧，茶褐常服，青縧玉色袈裟。……僧
　　官如之。〔註8〕

從上述內容可以知道，明太祖很重視什麼樣的人穿什麼樣的衣服，甚至為了
把士子與胥吏分開區別，親自監督工部的製作，顏色、布料與長短都是特別
的規定，足以表示皇帝對此事異常的重視，即使時間進入萬曆年間，衣飾的
規定還是很嚴謹的，違規者即送御史處審問，這對有意進入官場的士大夫是
嚴重的打擊。而僧人與道士的服裝就很簡單，各色的常服。所以，場景拉回
傳教士進入中國時為了方便傳教所選擇的衣物（圖 1），是大部份人所穿的衣
物，加上他們尚不清楚鬍鬚與頭髮對中國人重要之處，難怪他們會被百姓與
官員定位為「和尚」。

〔註7〕 明・利瑪竇，金尼閣著；何高濟、王遵仲、李申譯，《利瑪竇中國札記》，（北
　　　　京：中華書局，2014 年），頁 276。

〔註8〕 清・張廷玉等撰；楊家駱主編，《輿服三》，《新校本明史并附編六種》，（台北：
　　　　鼎文書局，1998 年），頁 1649。

圖 1：范禮安神父

來源：http://www.library.gov.mo/macreturn/DATA/I21-41/index.htm

　　當利瑪竇他們慢慢搞清楚這一切事情，哪些人才是這塊土地上最尊貴的人，該怎麼與這些人往來，這都是有一定的規範，再確定改變穿著後，效果是顯著的，士大夫與他們往來更頻繁，更重要的是，他們已經與「和尚」做出區分，人們不在誤會傳教士與僧人是一樣的，《札記》裡，記下這樣的轉變：

> 當教士到官員的衙門去時，他們遵守來訪的知識份子的禮節而與老
> 百姓的禮節不同，這本身又使得官員們在訪問教團時也同樣有禮。
>
> 〔註9〕

傳教士已經能按照士大夫人際往來的禮數來與他人互動，並能區分士大夫與百姓的不同，使得官員去教堂找他們時也變得很有禮貌。這樣明顯的變化，確定利瑪竇要將傳教士與士大夫做連節。之後，他到南昌傳教，就明確認的表示「和他們交往，要是忽視了這類拜訪習慣上所必需的外表，那就什麼也得不到。〔註10〕」，所以他不只是將衣服停留在綢服而已，而更進一步的將士

〔註 9〕　明・利瑪竇，金閣尼著；何高濟、王遵仲、李申譯，《利瑪竇中國札記》，頁
　　　　277。
〔註10〕　明・利瑪竇，金閣尼著；何高濟、王遵仲、李申譯，《利瑪竇中國札記》，頁
　　　　294。

大夫的巾帽戴上（圖 2），顯示他與士大夫是一模一樣的，並說這樣的外表與習慣，才能得到士大夫的認同，《札記》提到這樣的想法：

> 他進了城就決定采用適度的儀表，穿上在正式訪問時已成習慣的綢袍，還戴上知識階層所特有的帽子。……如果忽略了這些習慣，就不會被看作是個有學問的人。正是這樣，儀表一旦被用來當習慣，便和它們只不過作為其代表的東西合而為一了。〔註11〕

從這時開始，傳教士已由「僧人」到「西士」，不管在心態或外表穿著與習慣上的身份改變。也正因為，明朝特別注重「服飾」與「人」的關聯性，所以後來的學者在研究傳教士如何改變自己的身份，或是如何向士大夫傳教，都習慣性的將利瑪竇提出「易儒服」這件事，當做傳教士全面改變方針與面對群眾的選擇有所不同的基準點。但，事實上，只有利瑪竇在思考身份的問題嗎？或者是，只有「服飾」變化才能證明傳教士策略的改變嗎？抑是，全部傳教士都接受這樣的想法嗎？不同的聲音又藏在何處呢？

圖2：利瑪竇神父

源自：夏伯嘉著《利瑪竇：紫禁城里的耶穌會士》

〔註11〕明・利瑪竇，金尼閣著；何高濟、王遵仲、李申譯，《利瑪竇中國札記》，頁294。

（一）《天主實錄》萬曆版本與崇禎版本的移動

除了在「外表」上與一般百姓的差別，能證明傳教士是「西方來的儒者」外，重要的是，傳教士他們將想表達的教義或知識都書寫成書，讓中國的知識份子都能了解這個新來的宗教之教義，以及這些傳教的群體還有哪些不一樣的知識，這個行為也是奠定傳教士為「西儒」的基石。金尼閣（Nicolas Trigault，西元 1577 年～1629 年）更將中國人的宗教宣揚都使用書籍一事特別紀錄下來：

> 中國人還有一件與眾不同的事情，那就是他們所有的宗教教派的發展以及宗教學說的傳播都不是靠口頭，而是靠文字書籍。……因為讀書人或許更容易相信他們閒暇時所讀的東西，而不相信一位還不精通他們的語言的傳教士在佈道壇上所說的東西。〔註12〕

這裡提到的宗教，不只是已認知的佛教與道教，事實上，在《札記》中關於宗教的分類，傳教士將「儒家」也列入宗教裡〔註13〕，認為這個教派是中國最多人信仰的宗教，基於這樣的認知，傳教士們把傳教方式著重在書籍的編撰。

當時先進入中國傳教的羅明堅也發現，中國人對書籍情有獨鍾，在萬曆十二年（西元 1584 年），撰寫了《天主實錄》。該書現今的存稿，就能傳達多種訊息，如上述所說的「身份」定位與傳教的群眾的選擇不同，所以書寫就不同。

先說群眾的選擇不同一事，在《札記》中就記下當時羅明堅選擇了誰：

> 他們用適合百姓水平的文體，寫了一部關於基督教義的書。〔註14〕

這裡可以知道他撰寫《天主實錄》時主要的讀者群是一般百姓，那百姓所閱讀書籍又與士大夫有何不同呢？金尼閣對此也有發現，他在《札記》的人文科學那篇有提到：

> 他們的書面語言與日常談話中所用的語言差別很大，沒有一本書是

〔註12〕 明・利瑪竇，金閣尼著；何高濟、王遵仲、李申譯，《利瑪竇中國札記》，頁 482。

〔註13〕 明・利瑪竇，金閣尼著；何高濟、王遵仲、李申譯，《利瑪竇中國札記》，頁 100。

〔註14〕 明・利瑪竇，金閣尼著；何高濟、王遵仲、李申譯，《利瑪竇中國札記》，頁 173。

用口語寫成的。一個作家用接近口語的體裁寫書,將被認爲是把他
自己和他的書置於普通老百姓的水平。〔註15〕

他講得非常清楚,用「口語」化的寫作方式來撰寫一篇文章,這樣的文章會
被當時的人認爲是給百姓看的,既然羅明堅選擇把讀者群定位在百姓身上
時,該書的編撰與行文必定會「口語」化,像他的每個小節的標題〈眞有一
位天主章之一〉、〈天主事情章之二〉、〈解釋世人冒認天主章之三〉等,每個
題目都清楚的告訴讀者這一節的內容是在說什麼。又如書的內文,沒有使用
典故或經典中的字句,就像是兩個人在交談時的情境,摘出〈解釋世人冒認
天主〉中的一段文字就能感受到這樣的「口語」,內文云:

> 又曰殺牲者魂靈不得升天,或魂歸天堂者,復能廻生世界,及地獄
> 充滿之際者,復得再生於人間。又曰禽獸來經講法,亦得以成其道
> 果。又有一經名曰大乘妙法蓮花經,囑其後人曰,能誦此經者得到
> 天堂受福。〔註16〕

上面的內容是在說明佛教的教義有些荒謬,很直白的說明哪些靈魂可以到天
堂,甚至地獄中的靈魂也可以再次回到人間。從這樣的行文的方式可以知道,
該書確實是面對一般百姓,所以在書寫的內容就很平鋪直述,沒有華麗的詞
藻,或儒家經典的使用。

接著,討論羅明堅所選擇的身份,在《天主實錄》裡,處處可見當時撰
稿時,他對自身定位爲「僧人」。首先從書名來討論,此書的全名爲《新編西
竺國天主實錄》,〔註17〕從書名可以看出一些事。第一爲它取名爲「新編」,
代表還有一版是在此書之前就存在的文本,方豪爲《天主聖教實錄》一書所
作的序文裡提到此事,他說:

> 據德禮賢編「利瑪竇全集」第一冊一九七頁註,此書初稿成於一五
> 八一年陽曆十月二十五日至十一月十二日之間,此第一部由西文譯
> 入中文之書付梓,現僅羅馬耶穌會檔案處有藏本。〔註18〕

〔註15〕 明・利瑪竇,金閣尼著;何高濟、王遵仲、李申譯,《利瑪竇中國札記》,頁
27。
〔註16〕 明・羅明堅著;鐘鳴旦、杜鼎克編,《天主實錄》,《耶穌會羅馬檔案館——明
清天主教文獻》第一冊,(台北:利氏學社,2002 年),頁 22。
〔註17〕 只因書中內頁的書名均標爲《天主實錄》,所以才沒用全名來稱呼該書。
〔註18〕 明・徐光啓等;吳相湘主編,〈影印天主聖教實錄序〉,《天主教東傳文獻續編》,
(台北:臺灣學生書局,1966 年),頁 25。

這裡明確的說，在中國出版的這個文本，是從拉丁文的文本直接轉譯成中文，所以才將此書定為「新編」。而，第二是他來自「西竺國」，「西竺」等於「天竺」，而「天竺」乃為佛教的發源地，所以當他將基督教與佛教擺放在一起當書名，也能知道當時他將自己身份的想法。

再來，該書的封面（圖3），最上面有一排字，寫到「解此番字周圍真經」〔註19〕，中間為耶穌會的標誌，旁邊有一圈拉丁文字，羅明堅將拉丁文說為「番字」，能了解他把自己歸在「番」，也就是「外人」的角色，明確的知道身為傳教士在這塊土地上是被排斥的，對於中國人具有的「漢夷」相對的情緒也有所接收。

而在〈天主實錄引〉中，他在書寫的過程裡，無時無刻的透露出他是「僧人」的角色，從內文裡的幾個片段可以得知：

> 僧雖生外國，均人類也。可以不如禽獸，而不思所以報本哉。……惟以天主行實，原於天竺，流布四方得以梂拔靈魂升天，免墜地獄。……僧思報答無由，姑述實錄而變成唐字。……然天主義理精微，難以闡發，故作二人問答於是篇云。

萬曆甲申歲秋八月望後三日天竺國僧書〔註20〕

先是羅明堅自稱為「僧」，接著說到「天主」的事跡與教義，是為了讓靈魂得以升天，這些事情原本是在天竺流傳，是他不知道該如何報答「天主」，所以將《實錄》變成「唐字」，這裡的「變成」，就是將原本拉丁文本的書籍轉譯成中文。可以再次看到，他又將「基督」與「佛教」並列，而「傳教士」與「僧人」無異，加上他沒有想要將自身融入當地，所以將中文字稱為「唐字」，顯示出傳教士是外來者。將此「變成唐字」一句，聯繫到本書的全名《新編西竺國天主實錄》，是否羅明堅將此書訂為「新編」的原由，是因為他直接將拉丁文教義的文本轉譯成中文，才如此稱呼此書嗎？這個聯繫還有待進一步的研究，並非本文主要討論的內容，故略為提及。

然則，《實錄》內所使用的文字，也不盡然全都是佛教用語，如他在其中一節的篇名為〈天人亞當〉，這裡使用的是「天人」。在〈引〉與第一章的內

〔註19〕 明・羅明堅著；鐘鳴旦、杜鼎克編，《天主實錄》，《耶穌會羅馬檔案館──明清天主教文獻》第一冊，頁1。

〔註20〕 明・羅明堅著；鐘鳴旦、杜鼎克編，《天主實錄》，《耶穌會羅馬檔案館──明清天主教文獻》第一冊，頁3。

文中，他在說明「天主」為在何處時，他是用「天庭」來表示「天主」所在之處，到達「天庭」的方式為「升天」。所以從羅明堅他自稱為「僧」，到內文中所出現的「天人」、「天庭」及「升天」這樣充滿道教色彩的詞彙，可以感受到他對「僧」與「道」的認識並不完全，所以在書寫時，最接近他想表達的字詞就使用，並沒有因為他自稱為「僧」就全部使用佛教的詞句。

這本在萬曆年間所編撰而成的書籍，不管是書名，或是作者的自稱，以及內文所使用的文字，都能表現羅明堅在這塊土地上還未得到認同，他將自己定位在「外人」，加上傳教士到中國也沒有幾年，他們尚未摸透哪些人才是這塊土地上最有聲望的人，所以直接把傳教士與僧人畫上等號，從書寫的行文也可以知道，「僧」、「道」與「傳教士」這三者擺蕩的過程。

萬曆十九年（西元 1591 年），利瑪竇思考著傳教士們全面都向士大夫靠攏，不管是在穿著或是書籍的書寫方式，由裡到外的徹底改變。羅明堅對於自己所編撰的《天主實錄》也開始進行了修改，讓此書與「僧」或「道」完全的區隔開來。

羅明堅修改書籍的工作，大概在崇禎年間完成的，因為他是修改內容，而非重新書寫，所以他在落款處的時間就沒更改，而為什麼可以確定在崇禎年間呢？因為方豪為該書所撰的序文中就這樣說道：

> 然此書之刊行則甚晚，蓋以此書草創，故教中一再審閱修改，現所據以印行之刊本，已非原書之舊。故序後有「同會費奇規、陽瑪諾、孟儒望重訂」及「值會傅汎際準」字樣。此四人中孟儒望來華最晚，已在崇禎十年（西元 1637 年）；而傅汎際之任值會在崇禎七年（西元 1634 年），迄十四年（1641 年）止，故是書之刊刻必在起七年中也。〔註21〕

他是從校稿傳教士與值會傳教士來華與任職時間，來確認這個新刻本大約在何時完成的。而在書名方面，原本全名為《新編西竺國天主實錄》，改成《天主聖教實錄》，這個名字可以確定，傳教士已將基督教擺脫佛教分支的窘境，確立這個新進宗教的身份是「天主聖教」，封面中除了耶穌會的徽章外，並沒有其他的裝飾文字（圖 4）。

〔註21〕明・徐光啟等；吳相湘主編，〈影印天主聖教序〉，《天主教東傳文獻續編》，頁 25。

在此書內文部分，羅明堅將多處與「僧」「道」相混的字詞進行修改，仍是以〈天主聖教實錄引〉為例子，最能看出萬曆年間版本與修改過後版本的差別，〈引〉文曰：

> 余雖西國，均人類也。可以不如禽獸，而不思所以報本哉。……惟以天主行實，原於西國，流布四方，得以梂拔靈魂升天堂，免墜地獄。姑述實錄，譯成唐字。……弟天主義理精微，難以闡發，故作二人問答於是篇云。
>
> 萬曆甲申歲秋八月望後三日遠西羅明堅撰〔註22〕

此版本內容雖與上一個版本沒有太大差異，但從細微處仍可看見他對於傳教士的身份有所改變。萬曆年間版本他自稱為「僧」，在此處他用「余」來代替，而落款時他寫下的是「遠西羅明堅」，他在身份表明上拒絕與「僧」有任何關聯。接著「天主」的事跡與教義是來自「西國」，不是佛教發源地「天竺」，這與書名一樣，不再使中國人認為基督教是佛教的一支。在文字使用上，原本是使用「靈魂升天」，這邊則改為「靈魂升天堂」，已注意到其他宗教習慣的用詞，並將自身特有的救贖觀提出來，而該書是將原本拉丁文著作轉譯成中文作品，第一個版本是用「變成」，此處則改為「譯」。不管是「余」或「譯」，這樣的使用已經接近讀書人的用法，能感受到羅明堅對於傳教士到底要用何種姿態立足於中國，做出了轉變。

從萬曆到崇禎，在中國生活多年，傳教士也已經了解到這個國家的一些規矩，尤其是書寫到帝國本身或與君主有關的內容，都需要多加注意，在第一個版本裡，第一篇文章中提到傳教士是仰慕中華盛治，所以歷經數年與遙遠的旅程來到這個國度，作者在書寫「明朝」時，沒有另外開啟一行或空一格以示尊敬，而在新修改的版本裡，他有注意到這樣的狀況，所以在「明朝」上方空一格，有顧慮到讀者的感受及當地的風俗民情。

〔註22〕 明・羅明堅著；周燮藩主編，《天主實錄》，《中國宗教歷史文獻集成52》，（合肥：黃山書社，2005年），頁3。

圖 3：《新編西竺國天主實錄》封面

圖 4：《天主聖教實錄》封面

（二）《天主實義》的身份確認——《天主實義續篇》設立讀者的面向不同

利瑪竇與羅明堅一樣思索著，在中國傳教，該用何種身份與人往來，才是對他們最有利的方式。他與地方官員及士大夫往來多年後，編撰的書籍所選擇的讀者群就與羅明堅不一樣。萬曆二十三年（西元 1595 年），利神父在《交友論》一文裡，書寫的方式就與士大夫相同，字句陳述是較咬文嚼字，摘錄一段文字就可以知道他的寫作方式絕對與羅明堅不同，文曰：

> 友者過譽之害，較仇者過訾之害猶大焉。友人譽我，我或因而自矜；仇人
>
> 訾我，我會因而加謹。〔註23〕

內容看起來會比較文縐縐外，文後面加入自己的解釋，這樣的行文就能知道，利瑪竇已經在朝著士大夫的方向前進，只是較有趣的是，雖然他想選擇士大夫，但還沒做出決定，身份選擇上還在擺蕩中，這點可以從《交友論》的落款看到：

> 萬曆二十三年，歲次乙未，三月望，大西域山人利瑪竇集〔註24〕

他自稱為「山人」，這個詞意道教的味道較為濃厚，這與羅明堅在書寫第一版《天主實錄》時一樣，「僧」與「道」混在一起使用，而利神父則是「儒」與「道」在游移。

傳教士身份問題最終是需要解決的，尤其周遭往來的人們，一直把傳教士與僧人畫上等號，加上僧人在中國，沒有他們想像中的重要，所以他們急著做出改變，在上述內容中提到利瑪竇在韶州提出的建議，讓傳教士與士大夫的形象慢慢疊合，確實也收到不錯的反應，官員與士大夫對他們更加尊重了，這也讓利瑪竇確定他做出的選擇是正確的，這樣的想法，也出現在他所編撰的書籍裡，《札記》也記錄當時利神父要修改《天主實錄》的狀況：

> 利瑪竇神父修訂了他的教義問答，把它增補、整理得好像是出自文
>
> 人之手。它的讀者不在像過去那樣會憎厭可惡的和尚的名稱，或者
>
> 書中所談論的宗教崇拜了。新版出現時，舊印本就被毀版和拋棄了。
>
> 〔註25〕

〔註23〕 明・利瑪竇著；朱維錚主編，《交友論》，《利瑪竇中文著譯集》，（上海：復旦大學出版社，2001 年），頁 109。

〔註24〕 明・利瑪竇著；朱維錚主編，《交友論》，《利瑪竇中文著譯集》，頁 115。

〔註25〕 明・利瑪竇，金閣尼著；何高濟、王遵仲、李申譯，《利瑪竇中國札記》，頁307。

金尼閣在這邊提出，利瑪竇要將舊有的教義修改，是為了要讓內容符合士大夫的閱讀習慣，這樣的思考與他做出的決定是吻合的。

新修訂的書，名為《天主實義》，為了讓整本書看起來像是文人所撰寫，所以從篇名到內容的書寫方式，就與羅明堅不同。前面有提到，當時文人寫書若是用很口語的方式呈現，那該作者與該書都不會被視為有水準的，所以士大夫的書寫方式就需要大量引經據典，讓讀者感受到作者對於經典的掌握熟稔度，還有士大夫習慣的之乎者也，所以利瑪竇也是依照這樣的寫作方式來進行書籍內容的安排。

《天主實義》篇名的定立就顯得不白話了，如它的第一篇為〈首篇論天主始制天地萬物，而主宰安養之〉，與羅明堅第四篇〈天主制作天地人物〉，標題所表達的意思是相同的，但是呈現的方式就完全不同了，前者會比較符合士大夫的審美觀，讓更多士大夫願意觀看而不覺得有降低身份的疑慮。

再來，可從《四庫全書存目》收錄的《天主實義》觀察到，利瑪竇善用「空一格」的方式，來表示基督教中一些很重要的特定詞彙，如「天帝」、「天主」、「上帝」等表示「天主」的詞語，這個情況可以從〈天主實義引〉內文中看出：

> 至於圖僭　天帝之位而欲越居其上，惟天之高不可梯升，人欲難遂，因而謬布邪說欺誑細民以泯沒　天主之跡，妄以福利許人，使人欽崇而祭祀之，蓋彼此皆獲罪於　上帝，所以天之降災，世世以重也。
> 〔註26〕

這段文字是在說明一些邪說因為人沒辦法往天上升去，所以用天主的事跡欺騙世人，上帝就降下災難來處罰這些人，可以看到利瑪竇為了讓讀者知道，這些詞很重要，所以都用「降格」表示，閱讀書籍的人會經由這樣的暗示知道它們很重要。

而內文就如同一般士大夫所著作的書籍一樣，儒家經典之義或古聖先賢都會一直出現在書裡面，《天主實義》也是如此。它在〈天主實義引〉裡就說到「君臣」是三綱之首，是要表明只有一個「天主」；「堯舜」與「周公」、「仲尼」的學說道理是不能改變的，只因為「天主之意」幾於銷滅。利瑪竇在書裡對於儒家經典與先賢都夠熟悉，能熟練的使用它們為書寫的材料，能使閱

〔註26〕明・利瑪竇著；四庫全書存目叢書編纂委員會編纂，《天主實義》，《四庫全書存目叢書》，（台南：莊嚴文化事業有限公司，1995 年），頁 382。

讀該書的士大夫高度的認同，認爲傳教士與士大夫是一樣的，進而樂於與傳教士往來。

　　既然利瑪竇已經確定「傳教士」等於「士大夫」的傳教方式，在此之後，傳教士所編撰的書籍也要如《天主實義》般，一樣的書寫方式，一樣選擇士大夫爲讀者群。

　　但事實上，接續的傳教士並不全部這樣認爲，龐迪我所編著的《天主實義續篇》一書，就沒有全部接受利瑪竇的想法。方豪在爲《天主教東傳文獻續編》寫的序其中一篇〈影印天主實義續篇序〉裡有說明關於該書的身世問題，他說：

> 是書係梵蒂岡圖書館藏本「清漳景教堂重梓」。共三名：扉頁作「天主實義續篇」；目錄前作「天主聖教實義十二冊」又作「天主實義十二冊之第二」；書口作「天主實義」。

> ……利氏原書未云有十二冊計劃，或有此計劃而未明言，龐氏繼之，故稱「續篇」；又以利氏之書爲第一冊，故此書乃稱「十二冊之第二」；以十二冊實爲一書，故書口仍襲用「天主實義」之名。

> 裴化行著「西書漢譯考」云有抄本，約爲一六一七年（萬曆四十五年）物。一六五四年刊行之衛匡國拉丁文書目收入。按衛氏目錄亦僅謂：「Thien Chu xe y so pien（天主實義續篇）證明天主之存在，並充分解釋其特性」

> 按衛氏所收皆係已刻之書，可知此書在明永曆八年（清順治十一年、一六五四年）前已有刻本。就「景教堂」之名字而言，必在景教碑發現之後，最早當晚於天啓五年（一六二五）。〔註27〕

從他的分析可以知道，該書最早可能在天啓五年（西元 1625 年）就有刊行，利瑪竇才過逝十幾年，可以說他接續利神父的想法來編此書的。雖然他仔細分析了該書爲什麼會有三個書名，但因爲他是從利瑪竇那邊開始追溯本源，所以說「《天主聖教實義》又作《天主實義十二冊》」，他把兩本書混在一起討論了，才稱「又作」。若是把羅明堅放進來看，將他定爲起始點，就能知道，龐迪我忠實的將這本書的脈絡紀錄下來，從《天主聖教實義》到《天主實義》，

〔註27〕明・徐光啓等；吳相湘主編，〈影印天主實義續篇序〉，《天主教東傳文獻續編》，頁 11。

然後才是《天主實義續篇》，只是《天主實義》廣爲流傳，所以龐迪我就繼續使用《天主實義》爲書名。

　　若是因爲他把書名訂的與《天主實義》相同，就認爲他完全接受利瑪竇的想法，那是不正確的。事實上，龐迪我只接續「傳教士」等於「士大夫」的想法，但對於讀者群的選擇，他就比較接近羅明堅，大多爲一般老百姓。

　　先說他接受「士大夫」的身份，在書名與目錄中間，留有「後學龐迪我述」的字樣，「後學」的使用，爲士大夫落款時的謙稱，羅明堅在第二版的《天主實錄》裡就開始使用「後學」這一詞，可以從這個詞彙知道龐迪我是認可這個身份的，只是在讀者的選擇上，就沒與利瑪竇相同，這點可以從目錄與內文得知。先說目錄（圖 5），他第一篇名爲〈人宜認有天主〉，則利神父第一篇名爲〈首篇論天主始制天地萬物，而主宰安養之〉，而羅明堅第一篇名爲〈眞有一位天主〉。從篇名的定立，就能知道，龐迪我將該書的預設讀者定爲百姓的可能，而不純然爲士大夫。再來是這本書的內文，也是摘錄一段文字來說明龐神父書寫方式的選擇：

　　行此步，則所積善德，所行功業，皆空虛。若爲我，我乃重視之，
　　厚酬之，苟非爲我，我何與人哉。〔註28〕

他雖然有使用之乎者也，但讀者在閱讀時的感受，不會覺得這本書是要給士大夫觀看的，他對自己的稱呼是使用「我」，這樣的第一人稱出現，是與平時和人交談的場景還原在書裡。如前述所強調，過於口語化書寫的書籍，是不被士大夫所認可的，所以才說，龐迪我對讀者的選擇，應該是以一般民眾爲主，而非讀書人。

　　從羅明堅的《新編西竺國天主實錄》與《天主聖教實錄》就可以知道，傳教士們對自身的定位與身份認同，處於游移不定的狀態。經過一段時間的適應與學習，利瑪竇《天主實義》確定傳教士與士大夫是一樣的身份，所以自稱「西儒」。而在龐迪我的《天主實義續篇》中可以知道，雖然身份確定了，但傳教的對象該如何選擇，這就沒有共識了，否則他就不會將一般民眾設爲閱讀該書的群眾。

　　從這三本書的書名、篇名、內文與落款，可以清楚察覺，傳教士初入中國的不熟悉，與其他宗教相混雜，引用大量其他宗教的語彙；到確定和「士

〔註28〕明・徐光啓等；吳相湘主編，《天主實義續篇》，《天主教東傳文獻續編》，頁104。

大夫」的步調一致，使用典雅的書寫方式，引經據典的內容；到最後，保留了身份，在讀者的選擇上多出一些不同。並非如一些學者所言，傳教士在「易儒服」後就全面接受「士大夫」的傳教方式與對象，還是存在許多不一樣的聲音，只是被《天主實義》流傳廣泛的文本所掩蓋住。

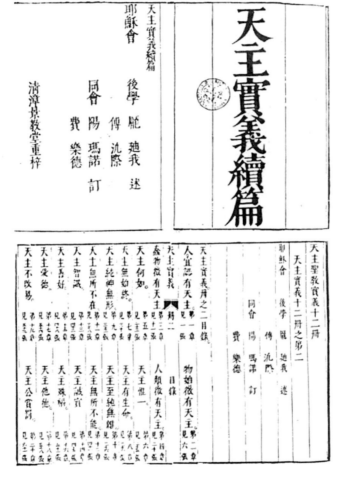

圖5：《天主實義續篇》封面

第二節　中土世界的「天堂」觀建立

　　每個宗教都有個主要的信仰對象，以及最終欲達的目標，如佛教主要是以世尊釋迦牟尼佛為信仰對象，最終希望人能成佛，跳出輪迴，否則人的靈魂終究在人世間一直輪迴。那傳教士帶來的新宗教，主要的信仰對象為何？給予人

們最終的期盼又如何？是否能更勝中國本土的道教與本土化的佛教呢？

　　所以羅明堅在《天主實錄》的〈引〉文裡，就將這個宗教最後的願景直白的說出來：

　　　　惟以天主行實，原於天竺流布四方，得以椓拔靈魂升天，免墜地獄。

〔註29〕

它的教義最終是希望人的靈魂可以「升天」，而不是墜落「地獄」，而他只說「天主」的事跡與宗教義理，是在西方流傳散布，在此並沒有解釋「天主」是哪位神祇。

　　從該書的章節安排就可以知道，羅明堅在內文一在的強調「天主」的重要與唯一。第一章〈眞有一位天主〉、第二章〈天主事情〉、第三章〈解釋世人冒認天主〉、第四章〈天主制作天地人物〉，從這樣的標題可以知道，他想讓讀者了解一件事情，這個宗教的唯一信仰就是「天主」，沒有其他的神祇可以在它之上，所以在每個章節裡反覆重述這一件事，希望變成一個觀念的建立。

　　在第一章裡就提出「天主」爲什麼需要被尊敬的，他在文章中是這樣說明的：

　　　　蓋天庭之中，本有一位天主，制作乾坤人物。

　　　　天庭之中，眞有一位爲天地萬物之主。〔註30〕

在天上只有「一位」「天主」，因爲祂製作天地萬物，所以是天地之主。從標題到內文，可以知道羅明堅一直再強調「天主」的「唯一」性，他在第三章就仔細說明，爲什麼這個新宗教裡神祇只有「一位」，內文云：

　　　　予今教之，天主最靈，獨有一位，掌握宇內事物，何須其多哉。

〔註31〕

在這個宗教裡，就天主最靈了，而且掌握天地萬物之事，一位就夠了，哪需要那麼多神祇，接著他馬上舉例子來加深神祇只需要一位的概念：

　　　　譬如一人止有一首，一家止有一長，一國止有一君，假如有二，則國家亂矣。僧故曰，天主獨尊，其餘天人亦不得配乎天主矣。且天

〔註29〕 明‧羅明堅著；鐘鳴旦、杜鼎克編，《天主實錄》，《耶穌會羅馬檔案館──明清天主教文獻》第一冊，頁3。

〔註30〕 明‧羅明堅著；鐘鳴旦、杜鼎克編，《天主實錄》，《耶穌會羅馬檔案館──明清天主教文獻》第一冊頁，頁10。

〔註31〕 明‧羅明堅著；鐘鳴旦、杜鼎克編，《天主實錄》，《耶穌會羅馬檔案館──明清天主教文獻》第一冊頁，20。

非尊神，乃天主之家庭也。〔註32〕

一個人只有一個頭，一個國家也只有一位君王，如果有兩位君王，國家就會動亂，所以才會一直強調天主只有「一位」，其他的神不配當天主。而在這裡他提到一件事，「天」是天主的家，那這個「天」又在何方？它怎麼會被稱爲天主的家呢？

圖6：ATLAS MAIOR 一書中天主創造宇宙圖

在〈解釋魂歸四處〉這一節中，羅明堅主要是在說明人死後，靈魂會被分往四處，這四處位在哪裡，又是怎樣的靈魂會前往的呢，他文章如是說：

> 天主作有四處，以賞罰人之靈魂。下一層者名曰咽咈諾，中一層者
> 名曰臨膜，上一層者名曰布草多略，此三處者，俱在於地中。……
> 第四處者名曰，巴喇以所，在於諸天之上。〔註33〕

這四個地方，有三處都位於地中，只有第四個地方是「諸天」之上，所以必

〔註32〕 明‧羅明堅著；鐘鳴旦、杜鼎克編，《天主實錄》，《耶穌會羅馬檔案館——明清天主教文獻》第一冊頁，20。

〔註33〕 明‧羅明堅著；鐘鳴旦、杜鼎克編，《天主實錄》，《耶穌會羅馬檔案館——明清天主教文獻》第一冊，頁47。

定位在最高的地方，緊接著他馬上說明是怎樣的靈魂會分別前往這四處呢：

> 下一層地獄。……違天主法度，不肯遷善改過，則墜于一層之地獄
> 矣。中一層，幼小孩兒，未知爲善爲惡道理，既生出世界，原被亞
> 當違誡所累，未及除其罪積，忽然而死，乃居於此處耳。上一層者，
> 天主教門之人或有微罪未去，則在此處贖罪，及其罪惡既除，則升
> 於天庭受福矣。……第四處者，名曰巴喇以所，此處甚是清潔高聳，
> 天主並諸位天人俱居于此，或世人之魂靈潔淨無罪者，亦居于此。

〔註34〕

最底一層就是地獄，是不信天主也不悔過的靈魂所待之處。中一層是夭折的孩童，不知是非善惡，因爲亞當的罪而墜入此處。上一層是天主門徒或是有些微過錯的靈魂，在這邊清除所有的罪惡就可以往天庭飛去。第四處，是天主跟天人，還有擁有潔淨而沒有罪惡的靈魂，所居住的地方，也就是第三處所居靈魂努力贖罪的目標。羅明堅在此處將他在〈引〉文中所說的「靈魂升天，免墜地獄」解釋的更細緻，仔細將各種靈魂分類以及它們各自前往的居處。

而在上一節有提到，這時期傳教士對於自身的專屬詞彙與其他宗教的用語並沒有分開，反而交錯使用，在這本書裡就把「天庭」與「天堂」歸爲一樣的地方，所以內文中會一直出現「天庭」的字樣，其實就是在指「天堂」。

羅明堅說「天堂」爲在「諸天」之上，那「諸天」是哪些天？它們又是怎樣形成的呢？這一部份，他則是在第四章〈天主制作天地人物〉就有說到：

> 只有一位天主，欲制作天地人物，施之恩德，爲後人所瞻仰，故於
> 六日之間俱各完成。第一日先作一重絕頂高天，及其眾多天人，混
> 沌之地水。第二日之所成者氣也火也，九重之諸天也。〔註35〕

「天主」施恩德，製作天地萬物，這這一切的製作，只使用六天就全部完成。而第一天先完成絕頂高天，眾多天人都在此，而第二日則完成九重等諸天。這裡就可以看到，上面所提的「諸天」是再第二天就形成了，那又有哪「九重」呢？他在後面仔細解釋第二天的製作情形時就有說：

〔註34〕 明・羅明堅著；鐘鳴旦、杜鼎克編，《天主實錄》，《耶穌會羅馬檔案館──明清天主教文獻》第一冊，頁48。

〔註35〕 明・羅明堅著；鐘鳴旦、杜鼎克編，《天主實錄》，《耶穌會羅馬檔案館──明清天主教文獻》第一冊，頁25。

第二日之制作，亦有三般存焉。第一般者，絕頂高天之下，又作九重之諸天，上下相包，如蔥頭然。若第九重之天，流行似箭之速，一日而周天一次，第九重之天既動，而下八重諸天，因之與俱動矣。若第八重之天，眾星所居之天，星之在天，亦猶木節之在板也。第七重者，填星所居之天，填星者，土星也。第六重者，歲星所居之天，歲星者，木星也。第五重者，熒惑星所居之天，熒惑星者，火星也。第四重者，日輪所行之天。第三重者，太白星所居之天，太白星者，金星也。第二重者，辰星所居之天，辰星者，水星也。第一重者，月輪所行之天。〔註36〕

他先說明，這個諸天它是像蔥頭一樣，層層包裹的。第九重天的運轉一天就旋轉一次，而第九重天的運動，會帶動下八重天的運動。第八重天是繁星所在的地方，諸星在這裡就像木板上的木節一樣，固定不動。之後從第七重到第一重，就是我們現在所認知的土星、木星、火星、太陽、金星、水星與月亮的行星排列。這是完整的「諸天」，而它所謂的「九重」，是屬於天體運轉的部份，而這「九重」，也只是要突顯「天堂」之高。

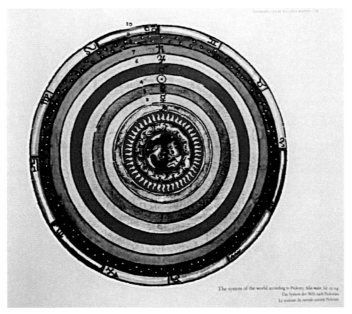

圖 7：ATLAS MAIOR 一書中「九重天圖」

〔註36〕明・羅明堅著；鐘鳴旦、杜鼎克編，《天主實錄》，《耶穌會羅馬檔案館——明清天主教文獻》第一冊，頁27。

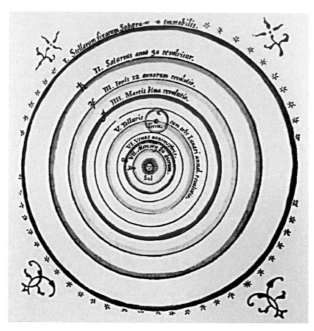

圖 8：ATLAS MAIOR 一書中「九重天圖」

　　羅明堅所編撰的《天主實錄》內容，就為後來的傳教士著作定下的基調，「天主」的唯一性，「天堂」的重要性，人死後靈魂要往何處，那又該如何分類，還有，「天堂」在哪裡。而信仰天主，最終是希望人死之後，靈魂是往「天堂」，而非墮入「地獄」。

（一）文字中天堂的書寫

　　羅明堅在《天主實錄》裡已經提到「天堂」的重要性，但他沒有將「天堂」仔細的說明，如天堂的景象，哪些善人可以前往等問題，該書最主要的還是要使讀者先認識「天主」並知道「天主」只有「一位」，且天地萬物都是由祂所製作，欲使中國人都能知道「天主」的偉大，所以當利瑪竇在此書的基礎上再新修的《天主實義》，就加強了對「天堂」的描述。

　　他在書裡的〈釋解意不可滅，並論死後必有天堂地獄之賞罰，以報世人所為善惡〉一節就專門在說明善意的人才可以前往「天堂」。有士大夫詰問傳教士，人死後欲往天堂，生前就要行善事，這樣的行善有趨利的意味，這與儒家傳統不講利相違背，而且天主應當不會如此教育人們，而傳教士則如此回應士大夫：

夫天堂地獄，其在成德之士，少借此意以取樂而免苦也，多以修其
仁義而已矣。何者？天堂非他，乃古今仁義之人所聚光明之宇；地
獄亦非他，乃古今罪惡之人所流穢汙之域。升天堂者，已安其心乎
善，不能易也；其落地獄者，已定其心乎惡，不克改也。吾願定心
於德，勿移于不善。吾願長近仁義之君子，永離罪惡之小人，誰云
以利害分志，而在正道之外乎？儒者攻天堂地獄之說，是未察此理
耳已。〔註37〕

所謂天堂地獄只是讓行德的人，多修仁義而已。天堂是古今仁義之人所聚集
的光明之地；地獄是古今罪惡所處的地方。會往天堂升的靈魂，它的心是向
善不會改變的；在地獄的，它的心已經是充滿罪惡的，也不會改。我希望心
是向德而不改變的行善，我希望能常常接近仁義的人，永遠遠離罪惡的小人，
誰說用利害分別就是在正道之外呢？儒家攻擊天堂地獄的說法，是沒有想到
這個道理罷了。

士大夫又接著問，存在現世報的情形還是有的，要怎麼解釋呢？傳教士
回覆士大夫說：

……然天主至公，無不盡賞之善，無不盡罰之惡。故終身爲善，不
易其心，則應登天堂，享大福樂而賞之；終身爲惡，至死不悛，則
宜墮地獄，受重禍災而罰之。其有爲善而貧賤者，或因爲善之中，
有小過惡焉，故上帝以是現報之；至於歿後，既無所欠，則入全福
之域，用享常樂矣。亦有爲惡而富貴者，乃行惡之際，並有微善存
焉，故上帝以是償之；及其死後，既無可舉，則陷深陰之獄，永受
罪苦矣。〔註38〕

天主是最公平的，賞罰分明。終身爲善，不改其志，死後必往天堂享受全福，
若終身爲惡，到死都不懺悔，那一定是墜入地獄，受重罰。若是行善了還是
貧苦，一定是行善時做到不好的事，所以天主略施處罰，待死後就沒有任何
罪過，就可以登上天堂，享永樂；若是做惡還是得到富貴，那就是爲惡時還
是有做點好事，所以天主就賞賜他，等到死後，沒有任何的善事，就直接下
地獄，永遠受苦。

說了「天主」的公平以及何種人可以登上「天堂」，但是還未描述「天堂」

〔註37〕 明・利瑪竇著；朱維錚主編，《天主實義》，《利瑪竇中文著譯集》，頁65。
〔註38〕 明・利瑪竇著；朱維錚主編，《天主實義》，《利瑪竇中文著譯集》，頁68。

到底是怎樣的景象，讓世人有嚮往的想像，所以傳教士就接著說關於「天堂」的喜樂處：

> 設地獄之嚴刑，不足以動爾心，天堂之福，當必望之。經曰：「天堂之樂，天主所備，以待仁人者；目所未見，耳所未聞，人心所未及忖度者也。」從是可徵其處為眾吉所歸，諸凶之所遠焉。〔註39〕

若地獄的嚴刑不能讓你們害怕，那天堂的福樂一定會讓你們充滿希望。天主經提到天堂的歡樂，是天主所準備來對待仁義之人，看都沒看過，聽都沒聽過，是常人無法想像的，這個地方是吉利與福氣聚集，任何凶險都遠離的地方。那「天堂」是如何的美好呢？他說：

> ……必也常為暄春，無寒暑之迭累；常見光明，無暮夜之屢更！其人常快樂，無憂怒哀哭之苦，常舒態，無危險，韶華之容，常駐不變，歲年來往，大壽無減，常生不滅，周旋左右于上帝。世俗之人，烏能達之？烏能言釋之哉？夫眾福吉之溶泉，聖神所常嗜，所常食，嗜而未始乏，食而未始饜也。此其所享不等，僉由生時所為之善。
> 〔註40〕

天堂，春天永在，寒暑不侵，沒有黑夜，身處其中的人是永遠快樂，沒有悲傷與痛苦，容顏永駐，壽命不減，常伴上帝，這樣的情景不是世俗的人能達到的，集合眾多的福氣喜樂之泉，神也常食用，始終不會厭煩。而享用的份量是不同的，要依生前所行善多寡來決定。

這是傳教士對士大夫描繪出來「天堂」的場景，所有的福氣與快樂都是永恆的，連壽命也是永恆的，希望藉由這一切「永恆」的喜樂，能讓士大夫心生嚮往，讓他們成為「天主」的羔羊。

雖然利瑪竇在《天主實義》裡已經詳細的說明關於「天堂」的一切，但他覺得稍為不足，向善的人，所行善也有多寡之分，如果是照著上述的情景，只有溶泉這等吃食上來分出差別，對於一心向善，終身伺奉「天主」的信徒似乎不公，畢竟「天主」是「至公」的，所以他在《畸人十篇》一書，對於行善多寡不同的人，所享用的福氣喜樂又更細緻的描述不同的去處，他在〈善惡之報在身之後〉說道：

〔註39〕明・利瑪竇著；朱維錚主編，《天主實義》，《利瑪竇中文著譯集》，頁71。
〔註40〕明・利瑪竇著；朱維錚主編，《天主實義》，《利瑪竇中文著譯集》，頁71。

……余曰：夫天堂大事，在性理之上，則人之智力弗克洞明。欲達其情，非據天主經典，不能測之。吾察天主經稱，天堂者，居彼之處，一切聖神具無六禍，此世中無人無有其一；具有六福，此世中無人有其一。

六者，一謂聖城，則無過而有全德也。……二謂太平域，則無危懼，而恆恬淡也。……三謂樂地，則無憂苦，而有永樂也。……四謂天鄉，則無冀望而皆充滿也。……五謂定吉界，則無變而常定於祥也。……六謂壽無疆山，則人均不死而常生也。……實今識天堂所有六福，所無六禍，常久不滅者，則天主賞善報德，真實法意也。

世界無斯六福，世界非真天堂矣！夫治今與治後，兩世一主耳；吾人之德業德報，兩世一功耳。今者為行路，後者為詣域。〔註41〕

天堂的事情是在性理之上，以人的智力是無法了解的，若想要清楚知道相關的事情，一定要根據天主的經典，經典說天堂是祂住的地方，一切神明都沒有六禍，世上沒有人沒有其中一禍，擁有六福的人，世界上沒有人擁有一種。這六個地方，分別為聖城、太平城、樂地、天鄉、定吉界與壽無疆山。知道天堂有六福無六禍，長久不滅，是天主賞善報德的真意。世界上沒有六福也不是真的天堂。天堂是有分區域的，每個人向善的程度都不同，所以對應的的區域就不同。「聖城」就是天主所在的地方，所以要全德且無過，而一般向善的人則是在「壽無疆山」裡。讓信徒有努力的目標，也能讓未信奉天主的人清楚知道永福的內容。

利瑪竇在著作裡論證天主的存在與偉大，以及「天堂」的美好，並說明人是必須信仰天主的，因為人死後的靈魂去處是有分別的，且世間萬物是由天主所製作，人本身就是祂的子民，回歸天主的身邊是應該的，再者，信仰天主才能在死後往天堂去，而他在書裡所描寫的六種福，則是天主依照每個靈魂向善的狀況賜予人們的，它們是永生不滅的。

龐迪我在《天主實義續篇》，主要還是在將「天主」的「唯一」、「至公」、「萬能」等特殊處，用了二十個章節一一闡明，可以從標題裡看到這樣的寫作目標，如〈人，宜認有天主〉、〈物始，徵有天主〉、〈天主惟一〉、〈天主無所不在〉、〈天主無所不能〉、〈天主公賞罰〉等內容，所以人死後該如何往天

〔註41〕 明・利瑪竇著；朱維錚主編，《天主實義》，《利瑪竇中文著譯集》，頁482。

堂或天堂的描述，就不是他欲解說的內容，關於「天堂」，在此書就不是最重要的。

　　而龐神父在《龐子遺詮》一書中，對於「天堂」的說明，也是簡單的說一下，它在何處，待在那裡的是誰？〈詮人類原始〉一文就這樣說明：

> ……天主造天地人物之工，七日成畢。最先化成天地，而後造光則始有明暗之殊。天也者，於無生覺中最為尊大者也。其形渾圓，體實堅透明而無色，非如他物可變可朽。總謂一天，實有九重，九重之上，又有靜天，此乃天神及昇天之人以神目見上帝，受萬福之所也。甚明甚寂未嘗運動，故謂靜天。〔註42〕

天主創造天地萬物七天就完成，最先創造天地，然後才造光，從這開始才有明暗的分別。天，在無生覺裡最大的，形體渾圓，堅實透明且無色，不像其他東西是會壞掉的。有人說，天，只有一個。實際上是有九層的，在九重之上還有一個靜天，這是天神與升天的人見上帝及受萬福的地方，因為很透明也很安靜，所以稱為靜天。九重天的最上一天為靜天，它就是天堂，而天主則在天堂裡面見信徒。所以信徒若要回歸天主身邊，就需要向善，以期死後上天堂。

　　蘇若望（Joannes Soerio，西元1566年～1607年）在《聖教約言》一書，則是偏重對人死後靈魂是該往何處，還有信徒該遵守哪些誡律，對天主教而言，人死後只有「天堂」與「地獄」兩個去處，內文是這樣寫道：

> ……此人魂既不滅，而人死後猶在，又不可信輪迴六道之謬說，則定有所往之居處。夫居處依天主聖教有二，其一在上而有萬福，即所謂天堂，賞善之所也。其二在下而有萬苦，即所謂地獄，罰惡之所也。蓋天主至公無私，無善不賞，無惡不罰。然現世亦有為惡者，富貴安樂；為善者，貧賤苦難。何者。實乃天主待其人之死，然後取其為善者之靈魂，而昇之天堂受無窮之福；亦取其為惡者之靈魂，而置之地獄受無窮之形，使無天堂地獄之賞罰，以報世人所為之善惡，何得而明天主至公乎。〔註43〕

〔註42〕明‧羅明堅著；鐘鳴旦、杜鼎克編，《龐子遺詮》，《耶穌會羅馬檔案館──明清天主教文獻》第二冊，頁225。

〔註43〕明‧蘇若望著；鐘鳴旦、杜鼎克編，《聖教約言》，《耶穌會羅馬檔案館──明清天主教文獻》第二冊，（台北：利氏學社，2002年），頁260。

人的靈魂既然不會消失死後還在，不能相信六道輪回的謬說，一定有可去的地方。能去的地方依照天主聖教的說法有兩處，一個是在天上而有萬福的，就是所謂的天堂，賞賜向善者的地方。另一個在地下而有萬苦，就是所謂地獄，是處罰惡人的地方。天主是公平的，賞善分明，但現世有惡人富貴安樂，向善者貧賤苦難，這是因為天主要等人死後在將向善者升到天堂享萬福，為惡者到地獄接受處罰，這才能顯示天主的公平。他說清楚天主對於世人的賞罰不是在現世就能看到結果，是要等死後才能知道靈魂是能上天堂還是下地獄，這樣的區別就是天主公平無私的表現，同時也斥駁佛家所說的六道輪迴為謬論。

從利瑪竇的《天主實義》開始，看得到傳教士們著重對「天堂」的書寫，從什麼樣的靈魂得以升天，到「天堂」享永福，乃至「天堂」的安樂是依據生前所行善多寡所決定，而且靈魂所待之處也有所不同。不管是哪一本書，都能見到傳教士強調天主的「至公」，這樣才能讓所有人死後的靈魂得到公正的審判，且靈魂進入「天堂」後，就是永恆不滅的。

（二）立體「天堂」──「九重天」圖

上述所提到的內容，是傳教士們一直在著作裡反覆提到「天主」與「天堂」，說明「天主」的重要，並強調信仰「天主」才能讓靈魂歸往「天堂」，但這些都是純文字的描述，讓閱讀書籍的士大夫無法想像「天堂」到底在哪邊？為什麼它會位在最高之處？所以傳教士就藉由繪製地圖的機會，把象徵「天堂」的「天文」圖──「九重天」放置在地圖裡，欲使觀圖的士大夫對整個宇宙有最直接的認識，也讓他們知道「天主」制作天地的偉大，還有「天堂」是怎樣俯看人間。

「九重天」的出現，始於羅明堅的《天主實錄》，他在〈天主制作天地人物〉裡就將「諸天」都列舉出來，敘述的很詳細，但那是屬於文字敘述，沒有圖像展示，讓讀者無法直觀的感受到「天」是何種模樣。

先將「九重」景象繪畫出來的，是利瑪竇。萬曆三十年（西元 1602 年），他在繪製《坤輿萬國全圖》時就將〈九重天圖〉（圖 9）置入地圖中，使「諸天」的形象，從文字轉化為圖示，讓觀看地圖的讀者對於「九重天」有更快更直接的感受。在輿圖中對於「九重天」的文字書寫內容為：

　　……自地心至第一重為月天，……，至第二重謂辰星即水星

天，……，至第三重謂太白即金星天，……，至第四重謂日輪
天，……，至第五重謂熒惑即火星天，……，至第六重謂歲星即木
星天，……，至第七重謂填星即土星天，……，至第八重謂列宿
天，……，至第九重謂宗動天，……。〔註44〕

利神父在這一段文字裡清楚的將「諸天」一層一層的介紹給觀圖者，星體名
稱則是將東西方稱呼都標示出來，分別為月、水星（辰星）、金星（太白）、
日、火星（熒惑）、木星（歲星）、土星（填星）、列宿天與宗動天。接著就描
述「九重天」的狀態：

此九層相包如蔥頭皮焉，皆硬堅，而日月星辰定在其體內，如木節
在板，而只因本天而動，第天體明而無色，則能通透光如琉璃水晶
之類無所碍也。〔註45〕

諸天的排列方式，就像蔥一樣，一層疊一層，它們是堅硬的，日月星辰固定
在裡面，只因本天而動，天體透明無色，像琉璃水晶一樣可以透光。這裡可
以看到他雖然把「九重天」的圖介紹給讀者，但此處看不到有關「天堂」的
蹤影，從上述的內容可以知道「諸天」之上還有「天堂」，為何利瑪竇不在此
處將「天堂」帶出呢？

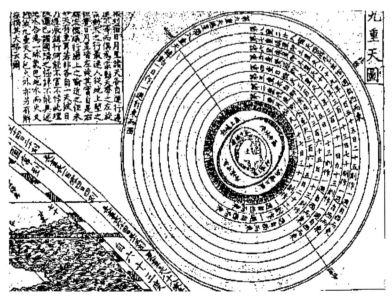

圖9：《坤輿萬國全圖》中的〈九重天圖〉

〔註44〕明‧利瑪竇著；朱維錚主編，《坤輿萬國全圖》，《利瑪竇中文著譯集》，頁177。
〔註45〕明‧利瑪竇著；朱維錚主編，《坤輿萬國全圖》，《利瑪竇中文著譯集》，頁177。

利瑪竇在《坤輿萬國全圖》刊出之後，又另外修編了一本書，名為《乾坤體義》。該書除了有《坤輿萬國全圖》的文字版，也有新增加許多內容，如〈四元行論〉擴充與多資料，與〈圜容較易〉〔註46〕一文，但關於介紹「九重天」的文字大致都與地圖中的內容一樣。有趣的是，它所附的〈乾坤體圖〉就與地圖中的〈九重天圖〉有不同的敘述。

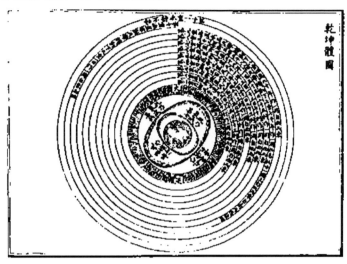

圖 10：《乾坤體義》中的〈乾坤體圖〉

　　從圖 10 可以讀到，此圖中加入了兩重天。原本的第九重天是宗動天，圖中的第九層為無星水晶天，自西而東；第十層才是宗動天，自東而西；第十一層為永靜不動。

　　這第十一層是永靜不動又是什麼呢？與利瑪竇同時期的傳教士陽瑪諾（Emmanuel Diaz，西元 1574 年～1659 年），他在所撰述的《天問畧》中說到對於天有幾重提出了說法，在〈天有幾重及七正本位〉一文裡就說明了「靜天」為何物：

> 問貴邦多習曆法，敢問太陽太陰之說何居，且天有幾重，太陽太陰位置安屬。曰，敝國曆家詳論此理設十二重焉。最高者即第十二重為天主上帝，諸神聖處永靜不動，廣大無比，即天堂也。〔註47〕

〔註46〕《景印文淵閣四庫全書》子部收錄的《乾坤體義》內的〈圜容較易〉是為該名，並非筆誤。

〔註47〕明‧陽瑪諾著；清‧紀昀等編纂，《天問畧》，《景印文淵閣四庫全書》，（台北：台灣印書館，1986 年），頁 852。

他簡單的說到「天」有十二重，，第十二重是永靜不動的，實爲天主與諸神盛所居之處，也就是天堂。

在〈乾坤體圖〉中，「天主」與「天堂」才出現在圖裡，這是非常隱密的表示方法是不是因爲《乾坤體義》一書主要的書寫內容是後面的〈圜容較易〉，是在教人怎麼算圓面積，所以在文字中「天堂」的出現或許較爲不恰當。

畢竟利瑪竇的身份是傳教士，而非教授西方知識的老師，他欲給觀圖者了解天主的機會，卻不知道士大夫的接受度爲何，所以用這種偷渡的方式呈現，可能希望有求知慾的人能開口問他兩張「九重天圖」爲什麼會有差異，來帶出天主之意。

萬曆三十一年（西元 1603 年），因爲有很多人對《坤輿萬國全圖》有需求，所以李應試又請利瑪竇再刊一版地圖，這幅圖則爲《兩儀玄覽圖》。圖 11右上方也放了「十一重天」圖（圖 12），圖內敘述從第八層開始就與《乾坤體義》中的〈乾坤體圖〉有些不一樣，第八重五十二相三桓二十八宿天，第九重無星水晶天，第十重無星宗動天，第十一重天主上帝發現天堂諸神聖所居永靜不動。

在這幅地圖就可以看到，他很大膽的直接跟讀者說，第十一層天就是天堂，是天主與諸神聖居住的地方，不在含糊帶過的說「永靜不動」。「九重天」的意義終於在此重現了，它回復到「天堂」存在「諸天」之上。

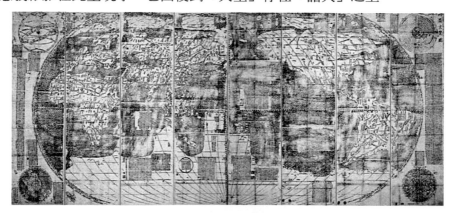

圖 11：《兩儀玄覽圖》〔註48〕

〔註48〕韓國崇實大學藏 http://www.ssu.ac.kr/web/museum/exhibit_d;jsessionid=LaaWgz
24q1AmQvmOIJyveThqMsxYJTt3T1NMdXIO7fu69W1os49SJr06FAQcSbic?p_
p_id=EXT_MUSEUM&p_p_lifecycle=0&p_p_state=normal&p_p_mode=view&p

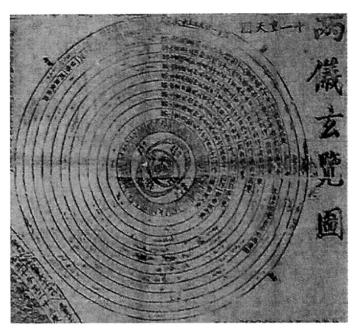

圖 12：《兩儀玄覽圖》中的〈十一重天圖〉

　　而上述有提到的陽瑪諾，在其著作《天問畧》裡將天分爲「十二重」（圖13），第十二重就是「天堂」，之後他接著說第十一重是宗動天，第十與第九重天「甚微妙」，所以先討論前九重與第十二重，之後他也介紹到「諸天」的狀況：

　　　　十二重天其形皆圓，各安本所，各層相包如裹蔥頭，日月五星列宿

　　　　在其體内，如木節在板一定不移，各因本天之動而動焉。〔註49〕

這「十二重天」與「九重天」一樣，諸星在各自的地方運轉，由宗動天帶動運行。接續，他詳細的證明每個天的存在：

　　　　問人居地上，依其目力所及獨見一重，自東而西，一日一週耳。今

　　　　設十二重何徵。曰：……五星所離日月列宿每日各異，其相近相遠，

　　　　亦各時刻不同，因知各有其本重，所麗之天可證五星之有五重天也。

　　〔註50〕

　　　　_p_col_id=column-1&p_p_col_count=1&_EXT_MUSEUM_struts_action=%2Fex
　　　　t%2Fmuseum%2Fview&_EXT_MUSEUM_vPage=relic&_EXT_MUSEUM_orde
　　　　rSelection=TITLE_KR&_EXT_MUSEUM_subjectId1=32&_EXT_MUSEUM_su
　　　　bjectId2=322&_EXT_MUSEUM_relicId=394#none.
〔註49〕明・陽瑪諾著；清・紀昀等編纂，《天問畧》，《景印文淵閣四庫全書》，頁852。
〔註50〕明・陽瑪諾著；清・紀昀等編纂，《天問畧》，《景印文淵閣四庫全書》，頁852。

五星每天每個時刻，距離都不一樣，從這些不同處就可以知道這五星都各有
一重天，而再來又說：

> 列宿諸星相近相遠，終古恒同，因知其所麗天終古恒同而可證其有
> 第八重天也。〔註51〕

列宿諸星自古以來都一樣，既然都一樣，就可證明有第八重天的說法了。最
後為：

> ……為之主宰、為之牽屬，而日月諸星之天因之，則九重天是也。
> 故自東而西者，宗動天也；自西而東者，日月諸星之天也。自西而
> 東者，日月諸星之本動也；自東而西者，日月諸星之帶動也。明乎，
> 二動得天體也。〔註52〕

帶著諸天星體轉的本動，就是宗動天；而諸星體則因宗動天反方向轉，天體
的運行就是這兩者的互動。至於很微妙的那兩重天，他的解釋為：「第九第十
重天，其說甚長，宜有專書備論。」〔註53〕要把它們說的很清楚需要花費很
多的篇幅，比較適合再另外寫專書討論。

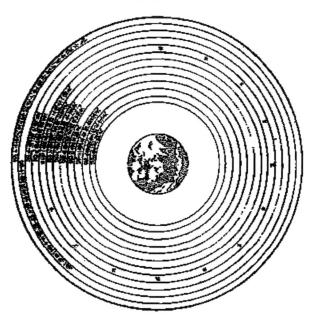

圖13：《天問畧》中的〈十二重天圖〉

〔註51〕 明‧陽瑪諾著；清‧紀昀等編纂，《天問畧》，《景印文淵閣四庫全書》，頁853。
〔註52〕 明‧陽瑪諾著；清‧紀昀等編纂，《天問畧》，《景印文淵閣四庫全書》，頁853。
〔註53〕 明‧陽瑪諾著；清‧紀昀等編纂，《天問畧》，《景印文淵閣四庫全書》，頁853。

陽瑪諾在《天問畧》中沒說明的第九第十層，可以從書中附圖，看到簡單的敘述。第九重是東西歲差；第十重是南北歲差，或許是要說明「歲差」的內容太複雜，他才說需要另外著作專書。

隨後李之藻就與傳教士傅汎際（Franciscus Furtado，西元 1587 年～1653 年）合譯亞里斯多德（Aristotélēs，西元前 384 年～前 322 年）的《宇宙學》為《寰有詮》，在書裡就有詳細的將「九重天」變化的過程敘述出來，在〈論天有幾重〉文中說道：

> 疏天之重數。其說自古不同。或謂天惟一重。列宿同居於此……或謂天有三重。星一。日二。月三也。二說各有所宗。然星家不以為然。星家因測天有不同之動。遂識天有各重之數。緣夫各天各動。其故難知。故天有幾重。亦復一時難定。前古曾謂天有八重亦本亞利所定之義。〔註 54〕

在亞里斯多德以前，天有幾重有兩種說法，天只有一重與天有三重，這兩個說法都各有追隨者，而亞里斯多德將天定八重。之後說到：

> ……迨其後。復有精窺測者。明觀第八重。天之運。却顯二動。一為列宿天之本動。一為列宿天外一重。天之動。乃定為九重。〔註 55〕

有精於觀測的學者，看到第八重天的運動，顯示出有兩個運動，一個是列宿天的本動，而列宿天外還有一重，是天的運動，才定出天有九重。接著又說：

> 中古星家。更細測之。覺於列宿之天。更顯不同之動。所謂進退動者。因思。凡諸具形。有一形體。但能有一本動。遂定天有十重。乃以此第十重天。謂之宗動天。〔註 56〕

中古的觀星家又更謹慎的觀察，覺得列宿天顯示出不同的運動，有前進與後退者，所以第十重才是宗動天。最後說到：

> 十重天之上。尚有一天包之。天主所造具體之中。此為特大。為其恒靜不動。故謂靜天。……惟憑天主聖經。與諸聖賢所釋為證。皆

〔註 54〕 明傅汎際譯，明李之藻達辭；四庫全書存目叢書編纂委員會編纂，《寰有詮》，《四庫全書存目叢書》，頁 103。

〔註 55〕 明・傅汎際譯，李之藻達辭；四庫全書存目叢書編纂委員會編纂，《寰有詮》，《四庫全書存目叢書》，頁 103。

〔註 56〕 明・傅汎際譯，李之藻達辭；四庫全書存目叢書編纂委員會編纂，《寰有詮》，《四庫全書存目叢書》，頁 103。

> 謂此天既不屬不動。不必爲圓。既屬恒靜。必自爲方也。聖經曰。
>
> 天國方城。〔註57〕

這十重天之上，還有一重天，將這十重包住，就是第十一重靜天，它是天主的國度，也就是「天堂」，聖經與諸聖賢都能爲證。

書裡也說到，亞里斯多德的原本爲「八重天」，到最後是定爲「十一重天」可以看到隨著時間轉移，「天」的層數變化，而這樣的變化經天文學家與神學家的認定。不管「天」有幾重，它的上方，是天主所在地，「天堂」。而「天」的構造與外觀也是證明天主的偉大。

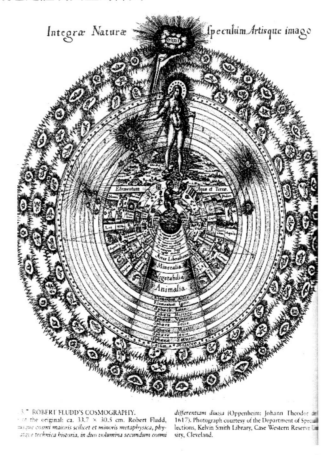

圖 14：THE HISTORY OF CARTOGRAPHY 中
天主俯視人間的「九重天」圖

〔註57〕明・傅汎際譯，李之藻達辭；四庫全書存目叢書編纂委員會編纂，《寰有詮》，《四庫全書存目叢書》，頁104。

第三節　士大夫對「天主之學」的認識

　　傳教士來到中國，在廣州停留多年，憑藉著出色的學識涵養與高雅的談吐，就已先博得當地官員的賞識。萬曆十二年（西元 1584 年），羅明堅所著的《天主實錄》刊出後，肇慶知府王泮，很喜歡此書，並自己印了許多冊，廣為流傳。王泮很賞識傳教士們，所以給他們屬於中國人的恩寵，就是送匾額到他們將完成的教堂已示慶賀，《扎記》中就紀錄當時的情景：

> 肇慶長官采用這種特別的方式來榮寵他給予保護和支持的那些人，
> 因為他認為由于他們的成就，他們值得這種榮譽，同時也促進百姓
> 的尊敬和友誼，他知道百姓會照他的榜樣對待他的好友。〔註58〕

傳教士們認為王泮已經是他們的「好友」，用他們的學識得到他的友誼。也因為羅明堅他們受到知府的高度禮遇，讓地方的百姓感到不滿，因為嫉妒，所以居民們越來越討厭傳教士。

　　因為官員的禮遇，羅明堅以為他已經和王泮是朋友了。事實上，士大夫與士大夫往來，是不是彼此的朋友，可以從著作中的序或跋來找尋蹤跡，只有朋友、門生或後學才會在書上撰文，而當時的《天主實錄》，除了羅明堅本人的序外，並沒有其他人為該書撰文，所以可以猜測，傳教士他們尚未得到士大夫的友誼。

　　文人相互贈文以示為朋友的舉動，是可以從利瑪竇與士大夫的往來中觀察到，傳教士與士大夫的友誼並不是那麼快且簡單就建立的。在萬曆十九年（西元 1591 年），利瑪竇在韶州決定改變傳教士的穿著，使外表儀容像士大夫，對於傳統的儒家經典更是深入的了解，以求從內在到外在都與士大夫一模一樣，才能更方便與他們往來，得到他們的認同與友誼。

　　這個決定確實得到士大夫的支持，並慢慢接受傳教士是「西儒」的身份。利瑪竇在萬曆二十三年（1595 年），應建安王之邀，撰寫了《交友論》，謂為流行，數次重刊，這樣的景象也在《札記》裡保留著：

> 第二部書是用中文寫成的論友誼的短文，其中也象西塞羅在他的《萊
> 里烏斯》中一樣，是皇帝向利瑪竇神父詢問了歐洲人對友誼的看
> 法。……就在它付印後不久，贛州有一位知縣完全用中文把它加以
> 重印，流傳于各省，包括北京和浙江。它到處受到知識階層的讚許，

〔註58〕明・利瑪竇，金閣尼著；何高濟、王遵仲、李申譯，《利瑪竇中國札記》，頁
　　　　172。

　　並往往被權威作家在其他著述中引用。……這是利瑪竇神父用中文
　　寫的第一部著作。〔註59〕

金尼閣在這裡就說到，中國的知識份子對該書的喜愛，所以在刊出後沒多久
就有知縣自行重印並加以流傳，依據這樣的情況，當時應該會有很多士大夫
在《交友論》裡撰文作序。但真實的狀況並非如此，第一個為該書作序也是
第一位幫利瑪竇著作撰文的士大夫為馮應京，那時候已經是萬曆二十九年（西
元 1601 年）了，也是距離利神父完成此書的六年後，才有士子為它寫序。
　　當時他與利瑪竇未曾見過面，只因為讀了《交友論》有所感悟，所以主
動刊刻並與利神父神交，這樣的想法他在該書的〈刻交友論序〉有完整的書
寫下來：

　　……京不敏，蚤溺鉛槧，未遑負笈求友，壯遊東西南北，乃因王事
　　敦友誼，視西泰子迢遙山海，以交友為務，殊有餘愧，爰有味乎其
　　論，而益信東海西海，此心此理同也。付之剞劂，冀觀者知京重交
　　道，勿忍見棄，即顏未承，詞未接，願以神交，如陽燧向日，方諸
　　向月，水火相應以生。京何敢忘德，《交友論》凡百章，藉以為求友
　　之贄。〔註60〕

他先說自身早年沉溺在文章中，沒有急著外出遊學與交友，因為政務而忽略友
誼，看到利瑪竇迢迢千里外來到中國，以交友為要務，感到非常慚愧，於是引
用這篇文章，相信雖然來自不同國度，但想法與道理是一樣的。將此文刊刻出
版，希望看到的人能了解到我對於交友的重視，雖然沒見過利瑪竇，希望能神
交。不敢忘記這個恩德，所以對這篇文章刊出百份，做為交朋友的見面禮。
　　利瑪竇在北京知道有一位士大夫很仰慕他，但是這位士大夫就快要坐牢
了，利神父就趕在他入獄前見他一面，他們交談一陣子，很快就像多年好友，
這位士大夫就是馮應京。即使他在獄中，還是跟利瑪竇保持通信，並且在獄
裡為利神父的《天主實義》作序，這段交往在《札記》裡看得到：

　　他還重印了利瑪竇的教義問答《天主實義》，版本更完備且充分，他
　　在書中頌揚了基督教，其熱情之高一如他之譴責偶像。〔註61〕

〔註59〕明・利瑪竇，金閣尼著；何高濟、王遵仲、李申譯，《利瑪竇中國札記》，頁
　　　　301。
〔註60〕明・利瑪竇著；朱維錚主編，《天主實義》，《利瑪竇中文著譯集》，頁 116。
〔註61〕明・利瑪竇，金閣尼著；何高濟、王遵仲、李申譯，《利瑪竇中國札記》，頁
　　　　430。

金尼閣說馮應京在序中大力讚揚基督教，稱讚的內容可以從他所撰的序文得
知：

> 利子周遊八萬里，高測九天，深測九淵，皆不爽毫末。吾所未嘗窮
> 之形象，既已窮之有確據，則其神理，當有所受，不誣也。吾輩即
> 有所存而不論、論而不議，至所嘗聞而未用力者，可無憬然悟，惕
> 然思，孜孜然而圖乎？〔註62〕

他說利瑪竇遊歷八萬里，能實際算出天與地的狀況，而且沒有錯誤，已知的
事物都已經有確切的證據，則它的教義，當然可以接受，那不是不實的內容。
既然有了懷疑而不思考與討論，就沒有辦法有覺悟。他雖然認為基督教義是
真實可信的，卻是從利神父所展現的西方知識，讓他知道天與地是可被測量
與計算，佩服傳教士的學識，也由此，讓他對基督教義不懷疑，並非是他閱
讀《天主實義》後，完全受到感召而相信教義。

馮應京提到利瑪竇能算出天與地的度數及相關數據，能知道他也閱讀過
利神父所繪製的地圖，並大力的讚揚該地圖。他在獄中所閱讀到的版本是李
應試在萬曆三十一年（西元 1603 年），重新付梓的版本，他在文章裡也提到
地圖已經過三次的刊刻，這是最詳細的內容，而〈敘〉文也提到他閱讀輿圖
後的想法：

> ……即如中國聖人之教，西士固未前聞，而其所傳乾方先聖之書，
> 吾亦未之前聞，乃茲交相發明，交相裨益。惟是六合一家，心心相
> 印，故東漸西被不爽耳。……西泰子有云：神之接物，司記者受之，
> 司明者辨之，司愛者處之，要歸事上帝為公父，聯萬國為弟兄。是
> 乃繪此坤輿之意與！〔註63〕

中國的聖人之教，西儒沒有聽過，他們所帶來的先賢之書，我也沒聽過，可
知道彼此都有聖人的教育，相互裨益。這是六合為一家，中國的學說往西方
流傳的最好例子。傳教士說到，神的教義，不管是記錄、思考或喜愛它的，
都是將上帝歸為大家的父親，聯合世界各國為兄弟，這是繪製輿圖的用意。

馮應京從接觸到傳教士的著作後，就提出一個想法，東西方的士大夫的
心是一樣的，聖人之言是從東方傳往西方的，所以經典的主旨也是相同的。

〔註62〕明・利瑪竇著；朱維錚主編，《天主實義》，《利瑪竇中文著譯集》，頁98。
〔註63〕鮎澤信太郎著，《利瑪竇の世界地圖》，（東京：龍文書局，1941 年），附錄頁
　　　　50。

他在〈刻交友論序〉就說到「東海西海，此心此理同也」，在這裡又提出「六合一家，心心相印」，可知道他是相信，士大夫與傳教士不管心性與學識都是接近的。

另外，可從他為利瑪竇著作所撰文的落款，隨著時間的推移，看得到他對傳教士越發尊重的態度。當他與傳教士深入交往後，更是佩服他們的學識。他在《交友論》的〈序〉落款為「盱眙馮應京」，時年為萬曆二十九年（西元 1601 年）春正月，同年的孟春為《天主實義》所撰的〈序〉落款就成了「後學馮應京」，而《兩儀玄覽圖》的〈輿圖敘〉撰寫時間是在萬曆三十一年（西元 1603 年），所落之款為「後學馮應京」。他謙稱自己為「後學」，代表他服膺於利瑪竇的學識，才會如此尊崇「利子」。

從馮應京為利瑪竇第一次撰文作序的時間為基準，離利神父思考要與士大夫一模一樣，當個「西儒」的決定，已經十年過去了，若是從他們在肇慶受當地官員禮遇的時間算起，那又是更久遠了，所以可以知道，對於士大夫真正的友誼，並不是那麼好獲得的。

（一）由「格物」之學開啓的「天主之學」

傳教士帶來了基督教義外，更讓中國士大夫關心的，則是其他西方知識，傳教士也藉由這個特點來吸引士大夫與他們交往，如利瑪竇就直言中國人對世界地圖很感興趣，士大夫們一直圍著他問了很多問題，也希望他將地圖翻譯成中文刊出，讓他們可以在家觀看世界。徐光啓也是在這樣的氛圍裡先與利瑪竇的作品見面，他在〈跋二十五言〉裡就說到他是先看到地圖才知道有利瑪竇其人：

> 昔遊嶺嵩，則嘗瞻仰天主像設，蓋從歐羅巴海舶來也。已見趙中丞
> 吳詮部前後所勒輿圖，乃知有利先生焉。〔註64〕

他在經過嶺嵩時，就見過天主像並知道這是從歐邏巴過來的，而且也看過趙中丞與吳詮部先後所繪的輿圖，那時才知道利先生。之後，他在南京遇到利神父，有相互交談，徐光啓稱讚利瑪竇是「博物通達」的君子，那次短暫的見面，彼此都留下很好的印象，在《札記》裡就留有利瑪竇對徐光啓的印象，並覺得他會受洗：

〔註64〕明‧徐光啓著；王重民輯校，《徐光啓集》，（台北：明文書局，1986 年），頁 86。

他是一個可以期待成爲大器的人，上天注定了要他美飾這個初生的
教會。……作爲士大夫一派的一員，他特別期望著知道的是他們特
別保持沉默的事，那就是有關來生和靈魂不朽的確切知識。中國人
中無論哪個教派都不完全否定這種不朽。他在偶像崇拜者的怪誕幻
想中曾聽到許多關於上天的光榮與幸福的事，但是他的敏捷的思想
卻只能是找到眞理方休。〔註65〕

這裡提到徐光啓對於來生與靈魂不朽的事想多了解一些，他沒辦法接受佛教
或道教所說的那些，而對基督教特別感興趣，金尼閣也紀錄他對眞理孜孜不
倦的追求，關於這點，徐光啓自己在〈跋二十五言〉裡就說自己：

啓生平善疑，至是若披雲然，了無可疑，時亦能作解；至是若遊溟
然，了亡可解，乃始服膺請事焉。〔註66〕

生性對事物充滿疑問，若是一切都很清楚，就沒有什麼好疑惑的，若是漫遊
什麼都不清楚，知道死亡可以了解，才開始服膺請教關於死亡的事。且，在
他信服傳教士之前，反覆的詢問他們教義的問題，聽不到不合忠孝之義與無
益於人世間的內容，所以他請利瑪竇將他從大西國所帶來的書籍全都譯出，
讓每個人都能知道基督教義的好。徐光啓對於教義的關心，主要是放在合不
合「忠孝」，對「人心」有沒有幫助。

所以，他雖然了解天主與基督的事情，也受洗成爲信徒，但他不是純粹
的找個宗教信仰它，而是有其目的，在〈泰西水法序〉裡就直言：

泰西諸君子，以茂德上才，利賓于國。其始至也，人人共歎異之；
及驟與之言，久與之處，無不意消而中悅服者，其實心、實行、實
學，誠信於士大夫。其談道也，以踐形盡性，欽若上帝爲宗。〔註67〕

這些傳教士的外貌與德性都很好，剛接觸時大家都覺得很怪異，相處久了就
會喜歡與他們互動，因爲他們的心性、行爲與學識都是眞誠的與士大夫交往，
而討論大道，則是以上帝爲主。就是因爲傳教士的言行合一，學識涵養極高，
讓徐光啓大爲讚，所以他覺得這個宗教可以幫助到中國，他說：

余嘗謂其教必可以補儒易佛，而其緒餘更有一種格物窮理之學，凡

〔註65〕明·利瑪竇，金閣尼著；何高濟、王遵仲、李申譯，《利瑪竇中國札記》，頁
467。
〔註66〕明·徐光啓著；王重民輯校，《徐光啓集》，頁87。
〔註67〕明·徐光啓著；王重民輯校，《徐光啓集》，頁66。

> 世間世外，萬事萬物之理，叩之無不河懸響答，絲分理解；退而思
> 之，窮年累月，愈見其說之必然而不可易也。〔註68〕

他認為基督教可以補足儒家的不足，而改變佛教，在討論之餘還有一種格物的學理，凡是世間萬物都有它的道理存在。徐光啓在此處就說的很清楚，接受基督教是因為這個宗教的教義可以「補儒易佛」，他在《辯學疏稿》裡，又再次提到這個概念：

> 則諸陪臣所傳事天之學，眞可以補益王化，左右儒術，救正佛法者
> 也。〔註69〕

傳教士所傳的是侍奉天的學理，眞的可以加強教化，左右儒家學說，修正佛法。基於要補充儒家的不足，徐光啓在傳教士所教授的知識，最想了解與學習的就是那些「格物」的內容，他在數篇撰文裡都提到這樣的關心，如在〈刻幾何原本序〉中他把利瑪竇的學識做出區別，並說明他的選擇：

> 顧惟先生之學，略有三種：大者修身事天；小者格物窮理；物理之
> 一端別爲象數，一一皆精實典要，洞無可疑，其分解擘析，亦能使
> 人無疑。而余乃亟傳其小者，趨欲先其易信，使人繹其文，想見其
> 意理，而知先生之學，可信不疑，大概如是，則是書之爲用更大矣。
> 〔註70〕

利瑪竇的學識大概有三種，最主要的學問是在修身跟侍奉天主，次要的學識爲格物之學，物理的一端是象數之學，每一種都是精確的內容，沒有漏洞可懷疑，分析很精細，讓人沒有疑惑。而我想要承接的是次要的學識，想要讓人容易相信，看到它的道理，就可以知道利先生的學問，是可以相信的。他提到，利神父最主要欲教授的內容是天主教義，而其他知識反而是次要的，但他主要是想學那些知識，更說這些知識是可以很簡單就讓人明白正確性，使人不會懷疑利瑪竇的問。

　　他直接說到他認知的天主教義，來自於他爲傳教士在皇帝辯駁他們是邪魔歪教的《辯學疏稿》的內文，他在文中說到：

> 蓋彼國教人，皆務修身以事天主，聞中國聖賢之教，亦皆修身事天，
> 理相符合。是以辛苦艱難，履危蹈險，來相印正，欲使人人爲善。

〔註68〕 明・徐光啓著；王重民輯校，《徐光啓集》，頁66。
〔註69〕 明・徐光啓等撰；吳相湘主編，《辯學疏稿》，《天主教東傳文獻續編》，頁25。
〔註70〕 明・徐光啓著；王重民輯校，《徐光啓集》，頁75。

> 以稱上天愛人之意，其說以昭事上帝爲宗本，以保救身靈爲切要，
> 以忠孝慈愛爲工夫，以遷善改過爲入門，以懺悔滌除爲進修，以生
> 天眞福爲作善之榮賞，以地獄永殃爲作惡之苦報，一切戒訓規條，
> 悉皆天理人情之至，其法能令人爲善必眞，去惡必盡。〔註71〕

那個宗教的人全都修身以侍奉天主，他們聽到中國的聖賢之教也是修身侍奉
天，所以辛苦的來到這邊，要印證彼此的大道，更想使每個人都向善。它的稱
呼是有上天愛人之意，它的道理是昭示上帝爲宗旨，以救靈魂爲要點，以忠孝
慈愛爲功課，以改過向善爲入門，以升到天堂爲向善的賞賜，以地獄永苦爲作
惡的苦報。這一切的戒訓規條，全都是天理人情，一定會使人向善。從這段話
可以看出，徐光啓對於教義，最清楚的便是「爲善上天堂，做惡下地獄」，其
他的理解會與儒家想法疊合，看不出他到底理解或接受多少天主教義。

　　徐光啓著作《造物主垂象畧說》的內容，則將他對基督教義了解最多的
「天堂」與「地獄」概念反覆的陳述，摘錄片段就能知道他如何理解這兩者：

> 造物主者，西國所稱陡斯，此中譯爲天主。是當初生天生地生神生人
> 生物的一箇大主宰，且道　天主。爲甚麼生天。天有兩件，一件是我
> 們看得見上邊有日月星辰的天，造這天與我們做蓋，造這日月星辰與
> 我們做光，此乃是有形的天，爲我們造的一件是我們如今看不見的，
> 叫做天堂，乃是天神及諸神聖，見天主，享受，無量無限的年正福樂
> 的居處。我們做好人，爲　天主所愛，後來命終身形歸土，其靈魂亦
> 得居於天堂與　天主神聖一同享受，無邊無量永遠眞正福樂也。這就
> 是如今看不見的天，是我們做好人纔上得去的。再說。

> 天主爲甚麼生地。地有兩件，一件是我們看得見上邊有山川人物的
> 地，造這地來乘載我們，造這萬物來養育我們，此乃看得見的地。
> 爲我們造的一件是我們如今看不見的，叫做地獄，乃是邪魔及諸惡
> 人，受無量無限之年苦難的居處，我們做不好人，得罪於　天主，
> 後來命終靈魂亦要墮入地獄，爲魔鬼所苦，與他同受無量無窮永遠
> 眞正苦惱也。這就是如今看不見的地，是我們做了不好人定要下去
> 的。〔註72〕

〔註71〕明・徐光啓等撰；吳相湘主編，《辯學疏稿》，《天主教東傳文獻續編》，頁 23。
〔註72〕明・徐光啓等撰；吳相湘主編，《造物主垂象畧說》，《天主教東傳文獻三編》，
　　　　頁 549。

這邊使用非常白話的書寫方式，來表達他所知道的「天堂」與「地獄」。做好人而得到「天主」所愛就能上「天堂」，而做不好的人並得罪「天主」就會下「地獄」。他對於靈魂的歸屬，只有簡單的「好」與「不好」，且他說得「天主」的愛與否，也是最後歸屬的判斷之一。所以從此文與《辯學疏稿》的內容可以知道，徐光啓對基督教義，最重視的是死後靈魂的去處，而「天主」的重要性，最少從二文無法知道他了解多少。

從徐光啓大部份所作的序文可以了解，他清楚的知道傳教士來到中國是為主了讓更多人接受天主，進而受洗成為信徒，但他明確的說，他想了解的就是傳教士拿來吸引士大夫的知識，雖然他認同天主教義，那也是因為他認為天主教可以補充儒家的不足之處。

另外，可從他選擇為傳教士們的哪些著作撰文，就能知道他最關心也最感興趣的是哪部份。他幫利瑪竇的著作所寫的序有〈題萬國二圜圖序〉、〈泰西水法序〉、〈刻幾何原本序〉〈幾何原本雜議〉、〈題幾何原本再校本〉、〈刻同文算指序〉、〈題測量法義〉、〈句股義序〉、〈勾股義緒言〉、〈測量異同緒言〉、〈跋二十五言〉等，他也為熊三拔撰〈簡平儀說序〉一文。可以看到，他為傳教士所作的文章，全都是跟「格物」有關的書籍，只有一篇〈跋二十五言〉是例外，但《二十五言》並不是純粹的天主教義書籍。所以對他來說，傳教士不甚重視的知識，才是最緊要的內容。

除了徐光啓是被利瑪竇所繪製的輿圖所吸引而來外，還有一位士大夫也是因為看到這幅世界地圖後，感到自己所學知識不夠，而主動參與欲呈給皇帝的輿圖製作，他就是李之藻，而《札記》中將李存我被利神父吸引的前因後果都紀錄下來：

> 他青年時雄心勃勃要對整個中國作一番很好的描述，並繪製十五省
> 的精確地圖，這對他就意味著全世界。〔註73〕

這邊說到李之藻從年青時就在搜集資料，欲繪製全中國的地圖，所以當他看到利瑪竇神父所作的世界地圖時，就知道自己所學之識受到局限，他馬上與神父互動當朋友，把工作之餘的時間都拿來學習與鑽研地理的相關知識，所以他也加入了利神父新地圖的製作，《札記》接著說：

〔註73〕明・利瑪竇，金閣尼著；何高濟、王遵仲、李申譯，《利瑪竇中國札記》，頁432。

> 他的第一項大工作是以盡可能大的比例尺重制世界地圖，所制的圖
> 約爲六平方英尺。……他還在邊上繪制太陽和星星以及其他裝飾，
> 此外尚有對基督教風俗的敘述和對基督教義的解釋。有幾位士大夫
> 也用優美的文字寫了序文來點綴這部著作。〔註74〕

他除了協助製作地圖的本身，也幫忙解釋基督教義，然後放在地圖上，所以
從這項工作就能知道，當時他對天主之學已經有了一定的認識，否則傳教士
們不會把這麼重要的工作交給他處理。利瑪竇自己在《坤輿萬國全圖》的〈序〉
文提起這件事：

> 繕部我存李先生，夙志輿地之學，自爲諸生，編輯有書，深賞茲圖，
> 以爲地度之上應天躔，乃萬世不可易之法，又且窮理極數，孜孜盡
> 年不捨，歉前刻之隘狹，未盡西來原圖什一，謀更恢廣之。〔註75〕

他提到李我存畢生志願就是輿地之學，從諸生時就編輯書籍，所以對於地圖
很了解，認爲地上的經緯能對應天上的度數，這是萬世不能改變的道理，對
於數學相關的知識，孜孜不倦的學習著，之前所刻的地圖太小了，沒有原來
地圖的十分之一，所以希望能恢復原圖，甚至能超越原圖。所以，李之藻也
爲新地圖撰寫了序文：

> 輿地舊無善版。近《廣輿圖》之刻本，唐賈南皮畫寸分里之法稍縝
> 密。〔註76〕

他直接批評舊有的輿圖沒有一個版本是完善的，只有《廣輿圖》的畫法稍微
縝密一點。而利瑪竇的地圖，能將天地經緯都精準的計算出來，並且證明前
人著作所說的內容，所以他說：

> ……要于六合之內，論而不議，理苟可據，何妨求野。〔註77〕

在這個世界上，只要道理能有依據可討論，即使這些說法是從中國以外傳進
來的，又有什麼關係呢？李我存認爲，雖然傳教士所說的知識，先賢在古籍

〔註74〕 明・利瑪竇，金閣尼著；何高濟、王遵仲、李申譯，《利瑪竇中國札記》，頁
432。

〔註75〕 鮎澤信太郎著，《利瑪竇の世界地圖》，（東京：龍文書局，1941 年），附錄頁
2。

〔註76〕 鮎澤信太郎著，《利瑪竇の世界地圖》，（東京：龍文書局，1941 年），附錄頁
3。

〔註77〕 鮎澤信太郎著，《利瑪竇の世界地圖》，（東京：龍文書局，1941 年），附錄頁
4。

中都已經有說過了，但沒有仔細的論證，後人也沒加以研究，現在這些計算天地的方式從遙遠的西方傳進來，就是證明前人已知道，是後人遺失這些知識，所以又再次感概東西方的學者都是相同的：

> ……昔儒以爲最善言天，今觀此圖，意與暗契。東海西海，心同理同，于滋不信然乎？於乎！地之博厚也，而圖之楮墨，頓使萬里納之眉睫，八荒了如弄丸，明晝夜長短之故，可以摯曆算之綱，察夷懊析因之殊，因以識山河之孕，俯仰天地，不亦暢矣。〔註78〕

以前認爲儒家討論天是最詳細的，現在看到這個地圖，道理與儒家暗自契合，東方與西方的人，心性與大道都是一樣的，怎麼可能不相信。地的廣厚，因爲地圖的製作可以放在眼前觀看，大地像個小球一樣，可以知道晝夜長短的原因，可以計算曆法，能了解山河的孕育，豈不暢快。

上述有說到李之藻在協助製作地圖時，也幫神父們解釋基督教義並放在地圖中，所以他對天主與教義應會有自身的理解，這可以從他爲傳教士著述所撰的文裡面看到這些想法，在〈天主實義重刻序〉裡他說到「天主之義」並不是利瑪竇所創，在傳統經典都找得到：

> 昔吾夫子語修身也，先事親而推及乎知天；至孟氏存養事天之論，而義乃纂備。蓋即知即事，事天事親同一事，而天，其事之大原也。
> 〔註79〕

以前的夫子在說修身時，要先侍奉父母才能知道天，而孟氏說存養事天的理論，其道理也是在此。知道事理與侍奉天及侍奉父母是一樣的，而天，是事理的根本。對李之藻來說，敬奉天與孝敬父母是一樣的，爲知事理的前提，所以他接著說「天」在中國經典就已經出現了：

> 説天莫辯乎《易》。《易》爲文字祖，即言「乾元」、「統天」，「爲君爲父」，又言「帝出」乎震，而紫陽氏解之，以爲帝者，天之主宰。
> 然則天主之義，不自利先生創矣。〔註80〕

說到天就得提起《易》，它是文字之祖，有寫到「乾元」、「統天」、「爲君爲父」，又說「帝出」，而紫陽氏對「帝」的解釋就是天的主宰，所以天主的義理，不

〔註78〕 鮎澤信太郎著，《利瑪竇の世界地圖》，（東京：龍文書局，1941 年），附錄頁5。

〔註79〕 明・利瑪竇著；朱維錚主編，《天主實義》，《利瑪竇中文著譯集》，頁 99。

〔註80〕 明・利瑪竇著；朱維錚主編，《天主實義》，《利瑪竇中文著譯集》，頁 99。

是利先生所創的。他認為中國自古就有「天主」的概念，只是不像傳教士一樣，對於「事天」研究如此深刻，他也說到利神父的學識主要就是「事天」：

> 利先生學術，一本事天，譚天之所以為天，甚晰；睹世之褻天佞佛
> 者，而昌言排之；原本師說，演為《天主實義》十篇，用以訓善坊
> 惡。〔註81〕

先生的學問主要是侍奉天，討論天之所以為天，很清楚；看到世人輕忽天的信佛者，而暢言的說它的不是；原本為師說，然後增補成《天主實義》，用來教育向善防止為惡。李我存認為《天主實義》是教育世人向善的教材，而在東西方沒有交流時，對於「天」的認識有著一定的相似：

> 彼其梯航琛贄，自古不與中國相通，初不聞有所謂義、文、周、孔
> 之教，故其為說，亦初不襲吾濂、洛、關、閩之解，而特於知天事
> 天大旨，乃與經傳所紀，如券斯合。〔註82〕

說利瑪竇從遙遠的國度來，自古就不與中國往來，沒有聽過聖人的教誨，也沒有承接先賢的解釋，對於了解與侍奉天的主張，是與經傳所紀錄的相吻合。而他對於「天堂」與「地獄」的理解，也是從儒家經典找相似的內容解釋：

> 獨是天堂地獄，拘者未信。要於福善禍淫，儒者恆言，察乎天地，
> 亦自實理。〔註83〕

對於天堂與地獄，有人不能相信，向善的人得到福，做壞事的人得到處置，這就是儒家一直說的要明辨天地，本來就有它的道理存在。他把「上天堂」及「下地獄」歸在仔細的觀察天地。另外，他為《畸人十篇》作的文中有說到，中國沒「天堂」與「地獄」的說法，可能是秦火把那些相關書籍燒光了：

> 或問畸人之言天堂、地獄也，於傳有諸？曰：未之睹。雖然，其說
> 辯矣。
>
> 顏貧夭，跖富壽，令不天堂，不地獄也，而可哉？大德受命，受命
> 而德施彌溥，報以蒼梧伐木削跡之身。兩楹奠而素王終，即血食萬
> 世，浪得身後榮，聖人不起而享也。……惟是衍聖之爵延世，顧易
> 世而子孫之面目、名號、賢愚，悉不可知，以代聖人受賞，以足以

〔註81〕明・利瑪竇著；朱維錚主編，《天主實義》，《利瑪竇中文著譯集》，頁99。
〔註82〕明・利瑪竇著；朱維錚主編，《天主實義》，《利瑪竇中文著譯集》，頁99。
〔註83〕明・利瑪竇著；朱維錚主編，《天主實義》，《利瑪竇中文著譯集》，頁100。

> 厚聖人乎？不天堂，又不可也。或曰：秦燄酷而其義不存，是一說
> 也。〔註84〕

有人問，畸人所說的天堂與地獄，在經傳裡面有紀錄嗎？我回應，沒有看過類似的內容，雖然這個說法能被判別的。顏回貧窮且早逝，盜蹠富貴且長壽，這樣不天堂不地獄的，合適嗎？有德的人接受天命，將天命的恩德施予眾人，回報他的是像被削過的樹木般身體。孔子逝去後，他享用後人萬世的祭祀，只得到身後的榮耀。……只有衍聖公的爵號傳世，後世子孫的面孔、名號與學識都沒有辦法知道，只是代替聖人接受榮耀，這樣足以優待聖人嗎？沒有天堂是不可能的，有可能是秦火將這類的義理燒毀而不存在。

從李之藻所撰的〈序〉文看得出來，他將「天主之義」附在儒家傳統經典之中，除了不認為這個宗教或義理是傳教士們所創作之外，更認定「天主教義」是從中國開始的，而東方與西方在傳教士到中國前，並無交流，但彼此的經典對於「天」與「事天」是相類似的，東西方的文人對於義理與心性是相通的。這時期的李存我，並沒將「天主」當成神祇，也不具有「神性」，所以他理解的基督教義，更多是來自於自身對儒家經典的理解，而非真的深入了解該宗教與它的神祇。

天啟三年（西元 1623 年），他為艾儒略的《職方外紀》作序時，他對教義與天主有更多的認識，而非是以儒家的角度來詮釋：

> 夫皆夸毗其耳目思想以自錮，而孰知耳目思想之外，有如此殊方異
> 俗靈物產真實不虛者，此見人識有限，而造物者之無盡藏也。而又
> 窮變極備，隨處悉供人類之用，兼賦人以最靈之性，俾能通天徹地，
> 不與草木鳥獸同頑同朽。明造物主之於人獨厚也，人可不克己昭事，
> 以期復命歸根。〔註85〕

誇耳目思想來囚禁自己，哪知道在此之外，還有其他地方不同風俗的物產，都是真實不虛的，可見人的見識是有限制的，而造物主是沒有隱藏任何事物的。這些地方與東西都是給人類使用的，還使得人類最有靈性，才能知道天地，不會與草木鳥獸一樣腐朽。這是造物主對於人的獨厚，人可不能不克制自己，服侍造物主，以期望能回到他的身邊。在這裡李之藻用「造物者」來

〔註84〕明・利瑪竇著；朱維錚主編，《天主實義》，《利瑪竇中文著譯集》，頁510。
〔註85〕明・艾儒略著；謝方校譯，《職方外紀校譯》，（北京：中華書局，1996年），頁7。

稱呼「天主」，可以知道他知道並認同「天主」創造世間萬物，而且期待著死後能回到祂身邊。如他在《寰有詮》撰文所說的，造物主對人是厚待的：

> 權輿天地神人萬物森焉。神佑人，萬物養人，造物主之用恩，固特厚於人矣。原夫人稟靈性，能推義理，故謂小天地。〔註86〕

天地神人萬物的開始，神就庇佑人，萬物養育人，造物主用祂的恩典，特別優厚人。原來人是有靈性的，能知道義理，所以自成小天地。他再次提到，「造物主」對於人類是有厚愛的，因為人有靈性，可以了解天主之義。

李之藻是因為利瑪竇的世界地圖，才開始接近傳教士與基督教義，所以剛開始他對於教義的理解全都來自儒家經典，也認為這些道理古聖先賢早已說過，所以他數次提到「東海西海，心同理同」，他將基督教的書籍與內容附於儒家之下。而隨著與神父往來的時間越多，他對教義的理解就越深，他稱「天主」為「造物者」，認可天地萬物都是尤祂所製作，更因為祂對人的厚愛，讓李之藻期待回到祂身邊。

（二）更接近「天主之學」的「天學」

李之藻的同鄉好友楊廷筠，尚未拜會利瑪竇前就已經先閱讀過他的著作，只是那時候他對於基督教相關的教義沒有太多的熱情，在丁致麟所著的《楊淇園先生行蹟》一書就有說到此事：

> 先是西泰利瑪竇先生，來賓于廷，倡明天主之道。公蓋習聞其說而未之悟也。〔註87〕

利神父來中國發展天主之義，他有學習這些內容，只是尚未覺悟。隨後，他便到利瑪竇的教堂與他交談，在〈同文算指通編序〉裡寫到這個會面：

> 往予晤西泰利公京邸，與譚名理累日，頗稱金蘭，獨至幾何圜弦諸論，便不能解。公歎曰，吾抵上國所見聰明了達，惟李振之、徐子先二先生耳。未幾，余有事，巡方卒，卒未再叩，而公已即世。〔註88〕

〔註86〕明・傅汎際譯，李之藻達辭；四庫全書存目叢書編纂委員會編纂，《寰有詮》，《四庫全書存目叢書》，頁1。

〔註87〕明・丁致麟著；鐘鳴旦、杜鼎克、黃一農、祝平一等編，《楊淇園先生行蹟》，《徐家匯藏書樓明清天主教文獻》第一冊，（台北：輔大神學院，1996年），頁1。

〔註88〕明・李之藻著；吳相湘主編，《同文算指》，《天學初函》，（台北：臺灣學生書局，1965年），頁2903。

他前往教堂處拜會利神父，與神父交流數日，就已經像至交好友，只有在討
論幾何與圜弦理論時，無法理解，神父感嘆的說，來到中國，遇到聰明對此
了解的，只有李之藻與徐光啓而已。他有事先行離開，想要再次拜會利先生，
神父已蒙主寵召。楊淇園此次與利瑪竇的互動，尚未能看出他對基督教義，
產生多大的興趣。直到萬曆三十九年（西元 1611 年），他前往李我存家中弔唁
時遇到了郭靜居與金尼閣兩位神父，此時，他對天主教義有莫大的興趣，《楊
淇園先生行蹟》中就說到此事：

> 見二先生，欣然叩其宗旨，既而懇覯主像，竦息瞻拜，恍若大主臨
> 而命之。因延先生至家厚禮之，杜欲囂塵，一意窮天學指歸，先生
> 爲開示主恩，發明教戒，而後洞然知天地萬物，同歸一天主之生養，
> 于是仰視重玄，俯悼微躬，感生成之極恩，幸迷途之巳豁，而曩時
> 脩齋佞佛之念，幡然更始矣。〔註89〕

看到兩位神父，開心的請教基督教義，然後誠懇的觀看天主像，肅然的仰望
參拜袖，好像天主突然的命令他一樣。所以請兩位神父到家裡，想要知道天
學的歸屬，神父在闡述天主的恩德，說明戒律，然後可以知道天地萬物是由
一個天主所生養的，他感謝天主的恩典，幸好他迷失的道路已經豁然開朗，
以前修齋念佛，現在幡然悔悟。

　　可從上述三個資料內容知道，楊廷筠好像忽然對天主之義有興趣，在此
之前，他雖然數次與神父對談，也拜讀相關書籍，卻無所感。在他開始認眞
學習基督教義後，爲教義所撰寫的書籍，其內容就減少儒家經典來詮釋天主
之義，且他了解並有自身理解的基督相關的知識，是全面性的，不若徐光啓
與李我存略爲片面。

　　他在《天釋明辨》裡的〈世尊〉一文，說明了「天主」的「惟一」性：

> 問世尊如何。釋氏世尊，似竊天主首條。云欽崇一　天主，萬物之
> 上也，而實不同。夫有物必有主，統於一尊，一家有一家之尊，一
> 國有一國之尊，天下有天下之尊，等而上之，又有上天下地，神鬼
> 人物之尊。……天教曰陡斯，即宇宙眞宰，在天地神鬼人物之上，
> 其尊無比。〔註90〕

〔註89〕明‧丁致麟著；鐘鳴旦、杜鼎克、黃一農、祝平一等編，《楊淇園先生行蹟》，
　　　　《徐家匯藏書樓明清天主教文獻》第一冊，頁 2。
〔註90〕明‧徐光啓等撰；吳相湘主編，《天釋明辨》，《天主教東傳文獻續編》，頁 254。

佛教所說的世尊，好像是從天主經首條竊取過去的概念。首條的內容是崇敬唯一的天主，在萬物之上。這確實不同。因爲東西一定有主人，一家有一家之主，一國有一國之主，天下有天下之主，天地神鬼人物也有主。……天教所說的陡斯，就是宇宙真正的主宰，在天地鬼神之上，尊貴無比。他這裡說到佛教的世尊，是從天主的教義裡偷走的，但內容是不一樣的，天主才是整個宇宙的主宰。而在該書的另一文〈四恩〉，再次強調「天主」的「唯一」，文曰：

> 問四恩如何。似本天教第一誡、第四誡言也。而實不同。四恩者，
> 一天地恩，二父母恩，三君長恩，四佛恩，合之四法。〔註91〕

四恩是怎樣的內容，好像本教第一跟第四誡言，而內容完全不同。第一天地恩，第二父母恩，第三君長恩，第四爲佛恩，合稱四恩。接著就說明這四恩與天主之義何爲不同：

> ……若問天教第一誡，欽崇一　天主，萬物之上。第四誡，孝敬父
> 母。請終言之。夫天地生養萬物爲人食用，故世謂其功德甚大，但
> 須知天地如何能生養萬物，必有緣故。全賴日月星辰，風雨露雷，
> 水火土氣，互爲其用。〔註92〕

本教的第一誡，崇敬唯一的天主，祂在萬物之上；第四誡爲孝敬父母。天地生養萬物給人類使用，這功德很大，但要知道天地如何生養萬物，一定有原因的，全都需要仰賴日月星辰、風雨露雷與水火土氣，彼此交互作用才能生成。這樣龐大的工作，需要諸神來幫忙，而諸神之大能也是來自天主，所以他說：

> ……此間必有大天神，以分領其事，西經謂之謂若，而天神無私意，
> 咸奉　天主之意爲意。天神有大能，咸賴　天主之能爲能。故生養
> 萬物，不得歸功天地，不得歸功天神，惟歸功　天主焉。曰　天主
> 之當欽崇，既聞命矣，謂之曰一者何哉，曰天無二日，民無二王，
> 主無二大。　天主既造成天地人物鬼神而爲之主者，可與稱兩大乎。
>
> 〔註93〕

這其間必定有天神分別進行這些事情，西方經典所說，天神沒有私意，全都

〔註91〕 明·徐光啓等撰；吳相湘主編，《天釋明辨》，《天主教東傳文獻續編》，頁385。
〔註92〕 明·徐光啓等撰；吳相湘主編，《天釋明辨》，《天主教東傳文獻續編》，頁387。
〔註93〕 明·徐光啓等撰；吳相湘主編，《天釋明辨》，《天主教東傳文獻續編》，頁388。

是奉天主的意思，天神有大能，也是仰賴天主的能力。所以生養萬物，不能歸功天地，不能歸功天神，只能將功勞歸在天主。天主應當被崇敬的，既然聽到這些事情，那爲何要說一個。因爲天沒有兩個太陽，人民沒有兩個君王，上天之主沒有兩位。天主既然是造成天地人物鬼神的主，怎麼會說有兩位呢？另外他在《代疑篇》裡的〈答造化萬物一歸主者之作用〉中說到，天地是由「天主」所造而成的：

> ……洪荒之初，未有天地，焉有萬物，其造無爲有，非天主之功，而誰功。古經云，天主化成天地，以七日而功完，時則物物各授之質，各賦生理，予之生機，各界天神，以保守之引治之，此廼天主洪恩。〔註94〕

天地混沌時，還沒有天地，怎麼會有萬物，這不是天主之功，是誰的功勞呢。古經說，天主製作天地，用七日就完成了，給萬物各種本質，賦予生機，各界天神用保護的姿態來治理這裡，這全都是天主天大的恩德。

天地萬物都是「天主」用七日的時間製成的，其他諸神的神威也是天主所賜與，而天神對於萬物的守護，也是「天主」的恩賜。所以，上天之上，只有一位「天主」，需要被天地萬物鬼神的崇敬著。這是楊廷筠在這上述文章裡反覆提出的一個內容，可以知道他對於「天主」的「唯一」是深刻的了解，並知道這件事的重要性，所以才反覆提及。

而基督教義內重要的概念「天堂」與「地獄」，楊廷筠也仔細的解釋他所理解的內容，在《天釋明辯》中的〈天堂地獄〉裡寫到：

> 問天堂地獄如何。曰，釋氏天堂地獄，似天教罷辣依瑣、因弗耳諾，而爲言也。而實不同。……因天教有天國地牢之言，遂以華音演之，亦曰天堂地獄。〔註95〕

佛教中的天堂地獄，好像本教的罷辣依瑣及因弗耳諾，但真的不一樣。……因爲天教有天國地牢的說法，所以用華語來解釋，就是天堂地獄。那這兩處是怎麼做區別呢？他接著說：

> ……然則天教云何曰，天教云，天主安立世界分爲三等，其最上界爲罷辣依瑣，今所云天國，乃萬福之所，大主天神聖居之。最下界爲因弗耳諾，今所云地獄，乃萬禍之所，魔鬼罪人居之。在中界爲

〔註94〕明・徐光啓等撰；吳相湘主編，《代疑篇》，《天主教東傳文獻》，頁 506。
〔註95〕明・徐光啓等撰；吳相湘主編，《天釋明辨》，《天主教東傳文獻續編》，頁 246。

蒙鐸，今所云人世，乃禍福相兼之所，人類禽獸草木居之。〔註96〕
然而天教是怎麼說這兩處，本教有說，天主將世界分為三等，最上面是罷辣
依瑣，也就是現在所說的天國，是萬福之處，大主與天神都居住在那裡。最
下面是因弗耳諾，現在所說的地獄，是萬禍之處，魔鬼跟罪人住在那邊。中
間是蒙鐸，現在所說的人間，是禍福相依的地方，人類禽獸草木居住的地方。
而這三處的差異還有哪些：

> 上下二界，是善惡一定之處，中界是善惡未定之處。惟其未定，故
> 自有作有修，而有瞬息改移之修悖。惟其已定，故無作無修，而有
> 萬年不改之苦樂。人世非無樂，然樂中有苦，不若天堂之樂，為眞
> 樂，為純樂，為永樂，無纖毫之苦。人世非無苦，然苦中有樂，不
> 若地獄之苦，為眞苦，為純苦，為永苦，無纖毫樂。地獄之不可比
> 人世，猶人世不可比天堂。〔註97〕

上下兩界是善惡已定的地方，中間則善惡未定。因為未定，所以自身就要修
行，也才有瞬間會改變可能。因為若已經固定，不用作也不用修，就會有萬
年不改的樂或苦。人世間不是沒有快樂，但是快樂中帶點痛苦，不像在天堂
的快樂，是眞實、純粹與永遠，沒有絲毫痛苦。在人世間不是沒有苦痛，但
苦痛中還有快樂，不像地獄的苦痛，是眞實、純粹與永遠，沒有絲毫的快樂。
地獄比不上人間，人間比不上天堂。那天堂與地獄又在何處呢？他接著說：

> ……又釋言天堂地獄二所安在，天教言天堂在宗動天之上，地獄在
> 與地球之中，人則戴天履地，可升可降，原有其理。〔註98〕

天堂與地獄兩處是位在哪，本教說天堂在宗動天之上，地獄在地球之中，人
頭頂著天，腳踩著地，可上升天堂，也能墜入地獄，是有道理在的。

　　楊廷筠認為「天堂」是永樂，而「地獄」是永苦，身在這兩處，不用作
也不用修，樂與苦都不會改變。人世間的樂或苦是不定的，所以要靠自己修
行，這也是為什麼人要身在兩處中間，要上升或下墜，完全是靠自身努力的
程度。但，又是誰能決定，怎樣的靈魂才可以上升或下墜呢？楊淇園在〈閻
羅斷獄〉中就說到這一點：

> 問閻羅斷獄如何。曰釋氏閻羅斷獄，似本天教　天主前審判言也。

〔註96〕明・徐光啓等撰；吳相湘主編，《天釋明辨》，《天主教東傳文獻續編》，頁248。
〔註97〕明・徐光啓等撰；吳相湘主編，《天釋明辨》，《天主教東傳文獻續編》，頁249。
〔註98〕明・徐光啓等撰；吳相湘主編，《天釋明辨》，《天主教東傳文獻續編》，頁253。

而寔不同。夫生前既有善惡，死候必加審判，而審判大權誰寔爲主，
一 天主也。或曰 天主一耳，而每日死者萬萬，一一審之判之， 天
主不甚勞乎。……惟人生時賦界靈性，死後定其賞罰，獨 天主專
之。子若知天主全能，以全無中，造成天地萬物，如此神玅，則審
判其所造者，爲事更易。〔註99〕

佛教所說的閻羅斷獄，就好像本教天主審判一樣。人生前既然有善惡之分，
死後必定需要審判，誰掌握審判的大權呢？是天主。天主只有一位，每天死
亡的人成千上萬的，祂一一審判，不勞累嗎？……因爲人降生時，就賦予靈
性，所以死後一定有賞罰，只有天主才可以做賞罰之事。若你知道天主的全
能，從什麼都沒有的狀況，創造現在的天地萬物，如此神奇，而審判祂所造
成的人類，就更簡單了。

　　從楊廷筠所著作的書籍內容來看，他從接受與信仰基督之後，便全心全
意的服侍天主，所撰寫的內容，全然是傳教士欲與士大夫說的教義，他全部
接受，沒有懷疑。而神父們注重的「天主」的「唯一」、「全能」與「至公」，
以及教義中重要的「天堂」與「地獄」，他書寫的內容已與神父們沒有差異。

　　徐光啓、李之藻與楊廷筠，被後世學者稱爲「明末天主教三大柱石」，他
們對當時天主教與傳教士的護持與幫忙力道絕對不曾減弱，但由他們各自的
撰文著述來觀察，他們對基督教義各自了解與熱情的程度都有不同。徐光啓
本身直言他對神父們教授次要的知識具有熱忱，雖然他確切的知道傳教士他
們到中國來是爲了散播天主的榮光。李之藻也是先對神父們帶來的世界地圖
感興趣後，才密切的與他們往來，在了解天主之義後，他認爲基督教義與儒
家相仿，所以他大量使用儒家經典來詮釋教義，甚至認爲這個新宗教是依附
在儒家之下的。而楊廷筠，他確確實實是受到基督的感召，才接受天主與教
義，所以在他的著作中看不到太多傳教士帶來中國的次要知識，也較少看到
他使用儒家的角度來解釋教義，他純粹是爲了這個新宗教，才由佛教改信仰
天主的。

〔註99〕明・徐光啓等撰；吳相湘主編，《天釋明辨》，《天主教東傳文獻續編》，頁353。

第三章　士大夫所關心的「天文」

第一節　接受西式天文──調合過的「九重天」

　　明末時期，利瑪竇帶著西式世界地圖與西方的知識，來到中國後，士大夫們燃起一股熱情在討論它們。不管是天文、地理或是與宗教相關的議題，總有許多想法因此被激蕩出來。

　　當時，朝廷上一直議論著是否要修改曆法，因爲這個朝代太特別了，從開朝以來，到萬曆年間，曆法都不曾修繕過。因爲天體的運轉，時時都在變化，所以曆法的更新是需要與天體同步的，而明代所使用的大統曆，早已經時常失效，在《明史‧曆一》就記下當時士大夫的議論：

> 黃帝迄秦，曆凡六改。漢凡四改。魏迄隋，十五改。唐迄五代，十
> 五改。宋十七改。金迄元，五改。惟明之大統曆，實即元之授時，
> 承用兩百七十餘年，未嘗改憲。成化之後，交食往往不驗，議改曆
> 者紛紛。〔註1〕

從黃帝到元朝，曆法是一直再被修改的，不管是新的朝代，或是在同個王朝內，只要七政運行的計算與曆法不符合，就要進行修正。而明朝不是如此，它的大統曆是承接元代的授時曆，將近三百年來都不曾改變過。所以在成化年間之後，日月交食的測量時間就漸漸不準了，當時就已經有很多士大夫提議要朝廷修改曆法。

〔註 1〕清‧張廷玉等撰；楊家駱主編，《曆一》，《新校本明史并附編六種》，（台北：
　　　　鼎文書局，1998 年），頁 515。

　　因為，傳教士他們所帶來的西式曆法，計算天體確實較為精準，以徐光啓為主的士大夫就將神父們的學說帶到皇帝面前，希望用西方曆法來修改現有的大統曆，《明史・曆一》載下當時的情形：

> 如俞正己、冷守中不知妄作者無論已，而華湘、周濂、李之藻、邢雲路之倫頗有所見。鄭世子載堉撰律曆融通，進聖壽萬年曆，其說本之南都御史何瑭，深得授時之意，而能補其不逮。臺官泥於舊聞，當事憚於改作，並格而不行。崇禎中，議用西洋新法，命閣臣徐光啓、光祿卿李天經先後董其事，成曆書一百三十餘卷，多發古人所未發。〔註2〕

有一些士大夫的曆法論述是不知所云，像周濂、李之藻與刑雲路他們的著作就頗有見地的。而鄭世子戴堉所編撰的律曆融通，就有授時的意思，但能彌補的錯誤只有一部份。朝廷公卿拘泥在舊有的學說裡，欽天監也不敢亂意的更改與修繕。到了崇禎年間，決定使用西洋新法，才命令徐光啓與李天經先後主其事，終於完成新曆書，內容有很多都是古籍中從未見過的學說。

　　在這種氛圍裡，士大夫接觸到傳教士所帶來的西方曆法，就非常感興趣，而文人先閱讀的作品，就是利瑪竇製作的輿圖裡所放置的天文學〈論地球比九重天之星遠且大幾何〉：

> 余嘗留心於量天地法，且從太西庠天文諸士討論已久，茲述其各數以便覽焉。夫地球既度二百五十里，則知三百六十度為地一週得九萬里，計地面至其中心得……，自地心至第一重為月天，……，至第二重謂辰星即水星天，……，至第三重謂太白即金星天，……，至第四重謂日輪天，……，至第五重謂熒惑即火星天，……，至第六重謂歲星即木星天，……，至第七重謂塡星即土星天，……，至第八重謂列宿天，……，至第九重謂宗動天，……。〔註3〕

他就先說到，他一直在關注計算天地的方法，而且西方的天文研究學者早就討論許久，所以有各種數據與計算方式可以參考。然後就為士大夫介紹西方人認知的天體模樣，「九重天」。隨之介紹這樣的天體，它是層層包裹的，諸星就在各自的地方，自行運轉著。

〔註2〕清・張廷玉等撰；楊家駱主編，《曆一》，《新校本明史并附編六種》，頁516。
〔註3〕明・利瑪竇著；朱維錚主編，《坤輿萬國全圖》，《利瑪竇中文著譯集》，頁177。

對於天體的運轉，利神父也在地圖上放入了運動的方式，他在〈九重天圖〉旁撰了一段文字來說明：

> 按列宿日月星諸天各自運行遲速不等而俱，爲宗動天帶之左旋。宗動天之行最速，人從地上望之，但覺日月星皆左旋，其實自是右轉。宋儒蟻行磨上之喻，近之，但未知天有重耳。若非各自一天，彼日月星辰錯行，何能不害不悖此理。歐邏巴諸國講之極詳，不能具述，地水合爲一球，氣包地水而火又包氣，九重天又包火外，亦另有解茲揭其大略云爾。〔註4〕

諸星體各自的運轉速度都不一樣，是被宗動天帶著往左邊轉動。宗動天的速度是最快的，人從地面往天上看，感覺諸星是向左邊旋轉的，其實它們是向右旋轉。宋時儒家用螞蟻在石磨上行走的譬喻，是接近天體運轉的方式，但卻不知道天是有多重的。若不是各在一天，諸星的運轉，怎麼能不違背這樣的狀況，西方諸國關於這個事，已經說的很詳細了，無法在這邊描述。

利神父這裡說到「天」是多重的，各行星在自己的地方照著自己的速度在運轉著，只有宗動天是向左邊旋轉，其餘的星體是向右邊轉動。這樣的天體運轉方式，就是當時傳教士所認識與學習的天文學，所以他們也把這樣的知識帶到中國與士大夫們介紹。

（一）對於西方天文學的接納

對於曆法，在上述的內容有說到，歷朝歷代都會費心思去更改與修補內容，以期與天體的運轉相合，所以一直都有人在研究天文一切相關的問題，經過長時間的積累，關於「天」是長什麼樣子或是它如何運轉，都有無數的資料留存在古籍中。

神父們所展示的「多重」天體觀，就與先賢們的著述就不一樣，所以利瑪竇才會說宋儒所舉螞蟻在石磨上行走的例子是對的，但是忽略掉天體的多重性。從神父所說的內容，就可以知道，先前的儒者對於「天」是單一的還是多重的，就已經有過了討論，只是傳教士所帶來的資料，告訴士大夫，天體是多重的。

因爲這些知識都是可被計算與檢驗的，所以吸引一些認爲它是眞實且可

〔註 4〕 明・利瑪竇著；朱維錚主編，《坤輿萬國全圖》，《利瑪竇中文著譯集》，頁216。

信的士大夫。這些文人對於天文相關的內容，都是經過思索後才放到自身的
著作裡，如，熊明遇在其著作《綠雪樓集》中，就說到「天」的層數，在〈定
天重數〉他是如此理解：

> 天之倉倉者，從人眼上視似只一重，然吾儒言九重。西域人設十二
> 重，俱就七曜列宿麗天行動之際，測算出來殊，皆有據，。愚謂元
> 氣層層，其入目所不見之星象，尚多重數亦未可定。但就有象者按
> 之作，吾儒九重之解。其一月天、二辰星、三金星、四日輪居中，
> 位照暎世界萬象□光、五火星、六木星、七土星、八列宿。以上八
> 天，皆自西旋東。……惟最上一層無星，可見其行最健，自東旋西
> 一日一周，帶動列宿七曜天俱左旋所爲宗動天也。……楚辭天問曰：
> 圜則九重孰營度之；太玄經曰：天有九天；兵法曰：動于九天之上；
> 張衡靈憲曰：道幹既育萬物成體，于是剛柔始分，清濁異位，天成
> 于外而體陽，故圜以動斯爲天元道之實也。天有元位。〔註5〕

天從人的角度觀看像是一重，而儒家說是九重，西方人設爲十二重，就七政
諸星的運轉方式，計算出來的結果不同，但都是有根據的。我說元氣層層，
眼睛看不見的星象，到底還有幾重尚未不能確定。但依照研究天文的人的著
作，儒家已經把九重天說的很清楚了。一月、二水、三金、四日、五火、六
木、七土、八列宿，以上八重，是由西向東旋轉。最後一層沒有任何星體存
在，它的運轉速度是最快的，從東向西轉，它是帶動諸星全部向左旋轉的宗
動天。在古籍裡，如《楚辭》、《太玄經》及《兵法》等書，都說「天」是有
九重的。而他在另個小文〈定天列象〉裡就舉了例子來說明爲什麼人從地面
往天上看，天好像只有一重：

> 日月五星列宿，自人眼下觀卻像是一層位置，然實不是一層。如至
> 京師，中間有許多省郡。一般月最下，辰星次之，太白次之，日次
> 之，熒惑次之，歲星次之，填星次之，經星次之。……其遠近各有
> 測算之法，蓋諸星之體甚鉅，只因離地絕遠，故人眼見得甚微，若
> 從星上看地，決如一塵不能見矣。〔註6〕

〔註 5〕 明・熊明遇著；四庫禁燬書叢刊編纂委員會編輯，《綠雪樓集》，《四庫禁燬書
叢刊》，（北京：北京出版社，2000 年），頁 97。

〔註 6〕 明・熊明遇著；四庫禁燬書叢刊編纂委員會編輯，《綠雪樓集》，《四庫禁燬書
叢刊》，頁 95。

日月五星從地面上觀看，就好像是一層，但它不是一層，就好像要到京師，路途會經過很多城鎮一樣。一般是月亮在最底下，然後辰星、太白、日、熒惑、歲星塡星、經星等星體就一序排列。這些星體的遠近各有計算的方式，因爲它們的體積非常的巨大，只因爲離地太遠了，人眼看得到的就變很小。

　　熊明遇在其著作裡說到，儒家已說天有九重，西方人說天有十二重，他認爲天體太過遙遠，正確的重數尙不能確定，只是因爲儒家的典籍裡已經將「天九重」說得非常清楚，傳教士他們的學說只是證明先賢的說法是正確的。他認可傳教士的「九重天」，除了是能計算與被檢驗外，更重要的是，經典裡已經記載了「九重天」的說法了，所以他完全服膺在傳教士的學說嗎？就此資料而言，還是有討論的地方。

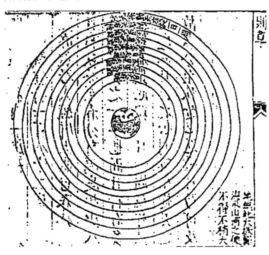

圖 15：《綠雪樓集》中的「九重天」圖

　　馮應京其著作《月令廣義》，也放入「九重天圖」（圖16），且圖下方還撰有一段文字，這些文字的存在才是馮應京將「九重天」放入的原因：

　　　高皇帝與諸儒乾旋之理，日月五星運行之道，皆以蔡氏言天體左旋，
　　　日月亦左旋，謂蔡氏之謬也。帝自謂起兵二十三年，知天體左旋，
　　　日月五星右旋，非尋常之，譏一日之辯也詳。御製集七曜大體循環
　　　論，按言天者諸家亦有異同，茗佛經又是一說，故併諸說略載大槩
　　　以備參攷，而此圖即大西國之文也，見後圖説。〔註7〕

─────────────

〔註7〕明·馮應京輯；四庫全書存目叢書編輯委員會編輯，《月令廣義》，《四庫全書存目叢書》，頁 523。

明太祖與儒者討論天體與日月五星運轉的方式，都以蔡氏說法爲主，天體與日月五星都是左旋，明太祖認爲蔡氏的說法錯誤。他自從起兵算起二十三年，知道天體左旋，日月五星是右旋。親自編輯了七曜大體循環論，研究天體的各家學說都不同，佛經的說法又不同，所以每種說法都大概說一些，當參考用，這圖是大西國的，圖後面還有它的說法。所以在此圖後面就放著利瑪竇在《坤輿萬國全圖》中〈論地球比九重天之星遠且大幾何〉的前半段文，且在圖的兩旁還有字，右邊是「第一重天自東而西」、左邊爲「第二重至九重皆自西而東」，所以利瑪竇說天體運轉除了宗動天是左旋外，其餘的星體則是右旋，與明太祖所認爲的星體運轉方式相符合。

另外，可以從馮應京放置的這張「九重天圖」，是經過他思考後所改繪製的，最外圍那一重，他定爲「第一重」，靠近地球的那一層，才是「第九重」，剛好與利瑪竇所繪的「九重天圖」。顯然，與傳教士密切往來的他，對於神父們所繪製的「九重天圖」不認可，所以他自己才又重作一份。

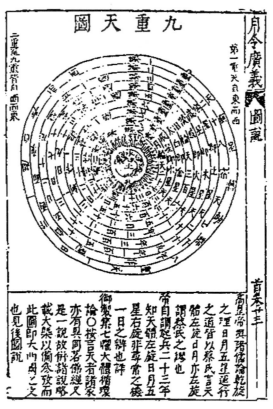

圖16：《月令廣義》中的「九重天」

　　王英明所編輯的《曆體略》，雖說他編此書的動機是爲了下一代對於天文象數有所理解，他在〈序〉說明了這事：

> 　　數曆者，帝王經世之洪範，吾儒用世之大業也。何云體，即天體。
> 是兩極廿八宿天體也，七曜十二次天體也，爲物不貳，地體亦天體
> 也。……爰取實測定度暨古今格言節略成編爲兒子治經之助。〔註8〕

曆法，是帝王治理國家的典範，是我輩儒者立世的大業。什麼是體，就是天體。兩極二十八星宿與七曜十二次都是天體，地體也是天體。……於是取實際測量的定度與古今格言，兩者簡單編成書幫助兒子研究經世之道。

　　雖然此書是爲了後代所編輯的，但《四庫全書》的〈提要〉就說到，這本書對於初學者而言是幫助很大的：

> 　　……所論皆天文之梗槩，不及後來梅文鼎、薛鳳祚諸人兼備測量推
> 步之法。然，學天文者，必先知象緯之文與運行之故，而後能因其
> 度數究其精微，是書說雖淺近，固初學從入之門徑也。〔註9〕

這本書所說的天文內容，比不上後來的梅文鼎與薛鳳祚等人還兼具測量推演的算法，但是學習天文的人，需要先知道象緯相關的文章，還有運轉的原由，之後才能因爲天體度數而深入研究，所以這本書雖然淺顯，但對初學者而言是最好的入門之書。

　　在王英明所撰的〈序〉文之後，就能看見幾組圖與文相結合的內容，而「九重天」也在這些圖文組之中，其文曰：

> 　　日月五星列宿運動，各各相反，便知所麗之天原非一重。先儒曰，
> 天左旋，日月五星右旋，則知左旋者，在諸星天之外，是以有第九
> 重天也。九重之說，向固有之，自天學諸儒由西海航入中國，其義
> 更爾精詳，其爲性命之學，更在九重上，號曰靜天，所謂造化之原，
> 萬物之本也。談天者，請于斯，更進一籌焉。〔註10〕

日月五星的運轉方式，各各相反，便知道天不是一重。先賢說，天是向左旋轉的，日月五星是向右的，就可以知道向左旋轉的是在諸星之外，所以才有第九重天。九重天的學說，本來就有，自研究天學的學者由西方帶進中國，它的義理更精確詳細。還有性命之學，更在九重天之上，叫靜天，它是萬物

〔註 8〕　明・王英明著；清・紀昀等編，《曆體略》，《景印文淵閣四庫全書》，頁 947。
〔註 9〕　明・王英明著；清・紀昀等編，《曆體略》，《景印文淵閣四庫全書》，頁 945。
〔註10〕　明・王英明著；清・紀昀等編，《曆體略》，《景印文淵閣四庫全書》，頁 950。

的源頭，談天的人在這裡就更進一步。他後面提到，「九重」之上還有「靜天」，那是屬於宗教的範疇，這樣的內容，能知道他與傳教士的往來密切，才會在此書寫下關於「天堂」的事情。

他將西方天文學的知識，另開一卷，單獨說明，在進入內文前，他撰寫了逼段文字，表明傳教士帶來中國的知識讓士大夫感到驚訝，而王英明覺得這些知識很有道理：

> 近有歐邏巴人挾其曆自大西洋來，所論天地七政曆，歷示諸掌，創聞者，不能無駭且異徐繹之，悉至理也。夫禮失而求之野，擇其善而從之不猶愈於野乎，述西曆體。〔註11〕

歐邏巴人帶他們的曆法從大西洋來，所說的天地與七政讓士大夫了解，聽到的人都感到驚訝，道理很詳盡。孔子說：「禮失求諸野」，選擇對的道理來遵從，而不猶豫這道理是來自民間，所以記述了西方的曆法。王英明因為西曆的精確，所以對於這些知識是認同的，才會說「求諸野」來強調這些內容是可以補足中國缺少的東西，之後便介紹「九重天」（圖17）：

> 天有九重，第九重號為宗動天，體無星辰，帶下八重天，轉動一日一周，自東而西。……此八重天者，俱自西而東右旋，而俱為宗動天帶之左旋。九天層疊包裹如蔥頭，雖體極堅而通透光亮，清虛無礙不異琉璃水晶也。日月星辰在其體內，如木板之節，各因本天而動焉。〔註12〕

天有九重，第九重是為宗動天，此天沒有星辰，帶動其他八重天運轉。……其他八重天是自西而東旋轉，是因為宗動天帶動左旋。而九重天是層層疊疊像蔥頭一樣，雖然天體堅硬但通透光亮，不輸給水晶琉璃，日月星辰就在這裡面，像木板的節點，各自因為本天而動。從他所放置的內容，大概可以知道他也是閱讀利瑪竇的著作，然後摘錄編輯而成，除了他敘述「九重天」的方式是從第九層開始介紹起，剛好與利神父的敘述方式相反，至於其他關於天體的內容就與神父的著作一樣。

〔註11〕明・王英明著；清・紀昀等編，《曆體略》，《景印文淵閣四庫全書》，頁981。
〔註12〕明・王英明著；清・紀昀等編，《曆體略》，《景印文淵閣四庫全書》，頁981。

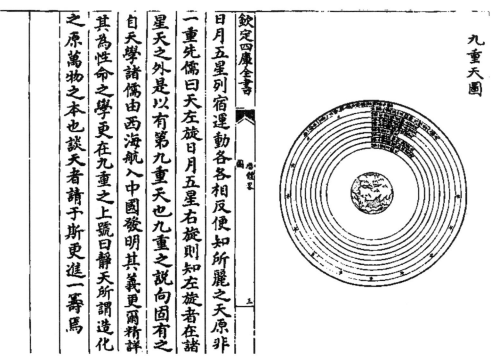

之原萬物之本也談天者請于斯更進一籌焉
其為性命之學更在九重之上號日靜天所謂造化
自天學諸儒由西海航入中國發明其義更爾精詳
星天之外是以有第九重天也九重之說向固有之
一重先儒曰天左旋日月五星右旋則知左旋者在諸
日月五星列宿運動各相反便知所麗之天原非
欽定四庫全書　圖體畧　三
九重天圖

圖17：《曆體畧》中的「九重天」圖

（二）與傳統調合的新概念

　　雖然士大夫因為西式天文學對於天象計算的精準而接近並了解它們，但從上述資料就可以看出來，文人對於傳教士的知識，還是帶著存疑的心態在接近，即使在著作中表達對西方天文學的認可，但還是會透露出「何妨求野」的想法，認為這些內容，早已存在，只是時間久遠，所以不再流傳而已。

　　時間越晚的士大夫，對於天體的多重性，有了不同的想法，所以即使是使用「九重天」的概念在書寫，更多的是加入自己驗證過後或是傳統既有的內容。如清初，楊文言所撰的《曆象本要》中，序言說道，以前說七政同為一天，現在說各有層次，以前說恒星是天體，現在說宗動為天體，所以楊氏所講述的「天」，也屬於「九重天」：

> 天體，古恒星即天體，今言宗動為天體，其樞紐為兩極，恒星之天，麗宗動而漸移，與日月五星為一理。天地體，古言天圓地平，今言天地皆圓。恒星七政，古以為同在一天，今言各有層次高下。……

天地體七政以下，書中詳之。〔註13〕

天體，以前說恒星就是天體，現在說宗動爲天體，它的樞紐是南北兩極，恒星的天是隨著宗動而移動，跟日月五星同個道理。天地體，以前說天圓地平，現在說天地都是圓的。恒星七政，以前認爲在同一處，現在說各有層次。……天地體與七政的事，會在書中加以詳細敘述。所以，楊文言在後文，對於天的多重有詳細的說明，該文的名稱爲〈遠近次第〉（圖18）：

地居天中，與天度相應，七政運行於天之內，去地遠近不同，最近地者月，次日金水，次火、次木、次土，最遠恒星。……從前言七政其麗一天，然屈子又云，圜則九重，孰營度之，是必古有其說，而自漢以下失之也，今曆言天，與九重說合。蓋恒星七政並宗動，故爲九。宗動者，無星之天，一氣旋運，而爲眾動之宗者也。〔註14〕

地球在天的中央，與天的度量相對應，七政運行在天體內，離地球的遠近各有不同，最靠近地球的是月亮，然後是太陽金星水星，接著才是火星木星土星，離最遠的是恒星。……以前說七政在同個天運行，然而屈原又說，天有九重，一定是在此之前就有這種說法，只是漢以降就失傳了，今天曆法說天與以前的九重說法一樣，是恒星七政加上宗動，所以是九。所謂宗動，沒有星辰，是眾星運動的源頭。

楊文言雖然使用的是「九重天」的說法，來解釋天體的多重性，只是他認爲這樣的概念，在屈原以前就存在著，漢以後才失傳的，所以並非西方人特有的。且，他將「宗動天」解釋爲「眾動之宗者」，這已與傳教士所想表達的「宗動天」不同。此外，從他附圖可以知道，他對於天體的模型已有其他的想法，所以重新繪製，且文章名稱是〈遠近次第〉，代表他對諸星重天的概念是來自於星體離地的距離來設定，而非直接使用傳教士所說的知識。從這些內容就可以知道，楊文言在西方天文學的認識，已內化並加入自身檢驗的結果，才得到「天九重」的結論。

〔註13〕 清・楊文言著；續修四庫全書編輯委員會編輯，《曆象本要》，《續修四庫全書》，
　　　　（上海：上海古籍出版社，1995年），頁105。

〔註14〕 清・楊文言著；續修四庫全書編輯委員會編輯，《曆象本要》，《續修四庫全書》，
　　　　頁114。

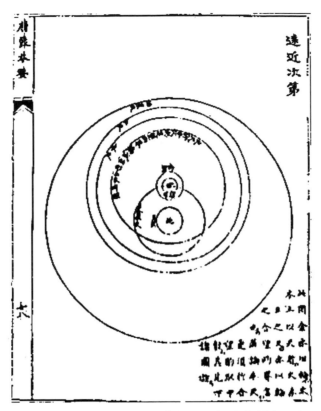

圖18：《曆象本要》中的〈遠近次第〉圖

　　而，康熙年間的張雍敬，他所著作的《定曆玉衡》裡，就能看到這樣的想法。雖然他也是認為「天九重」，只是這「九重」是使用傳統的「五行」概念去詮釋。而他在〈曆辨〉一文就說明他為什麼要撰寫此文，並想證明哪些學說是錯誤的：

> ……故將欲定曆，必先辨曆。而古今曆術之舛誤，不可勝舉，今姑舉
> 大謬凡四十餘條，畧為拈破如左，其詳則或有專論，或曰附件，或互
> 相發明，各具以後諸篇中。天者，一氣之積，而其旋有九，又各為一
> 重。本于朱子。此經星七政高下疾遲之本然，而經度緯道參差不齊之
> 所由生也。乃昧者不知其原，推者又流于荒誕。謬一。〔註15〕

想要制定曆法，必定要先能辨別治曆的方法，古今計算曆術的方式有很多都是錯誤的，多到不勝枚舉，所以舉了約四十條，略為點破。如：天是一種氣

〔註15〕清・張雍敬著；續修四庫全書編輯委員會編輯，《定曆玉衡》，《續修四庫全書》，（上海：上海古籍出版社，1995年），頁440。

的積累，旋轉運動的地方有九個，各自爲一重。這是出自於朱子。日月星辰高低快慢的運動，而經緯度的參差不齊，所造成的。愚昧的人不知道原因，推波助瀾的又過於荒誕。他在每條認爲錯誤的天文知識下都寫出這些知識是源自與哪，第一條就是直接說朱熹認爲的天體運轉方式是錯誤的。所以他在後文就會爲天體有幾重再另外論述。

　　所以，張雍敬就另外撰文來說明他的想法，只是他所陳述的內容，已與利瑪竇教授的「九重天」知識，完全不同。因爲他先繪出〈九重天圖〉，才進行解釋，所以該文的名爲〈圖說〉：

> 積氣爲天，其體穆，其色蒼，其命不已，其機不息，包含徧覆之謂天。……第一重曰形質天，所以固此氣也。第二重曰一氣天，圜周之氣，陰陽五行未離者也。其精之結而成光者，爲垣宿諸星。第三重曰黔氣天，圜周之氣，皆屬於土。其精之結而成光者，曰塡星。第四重曰蒼氣天，圜周之氣，皆屬於木。其精之結而成光者，曰歲星。第五重曰丹氣天，圜周之氣，皆屬於火。其精之結而成光者，曰熒惑。第六重曰陽氣天，圜周之氣，亦屬於火。其精之結而成光者，曰太陽。第七重曰素氣天，圜周之氣，皆屬於金。其精之結而成光者，曰太白。第八重曰元氣天，圜周之氣，皆屬於水。其精之結而成光者，曰辰星。第九重曰陰氣天，圜周之氣，亦屬於水。其精之結而成光者，曰太陰。〔註16〕

氣的積累就是天，它的形體是深遠的，顏色是青色，生機不息。第一重天爲形質天，是固定氣的。第二重爲一氣天，它的氣是陰陽五行未散離者，其精華結成光者爲列宿諸星。第三重是黔氣天，它的氣是屬於土，精華結成光是塡星。第四重是蒼氣天，它的氣是屬於木，精華結成光是歲星。第五重是丹氣天，它的氣是屬於火，精華結成光是熒惑。第六重是陽氣天，它的氣也屬於火，精華結成光是太陽。第七重是素氣天，它的氣屬於金，精華結成光是太白。第八重爲元氣天，它的氣屬於水，精華結成光是辰星。第九重爲陰氣天，它的氣也屬於水，精華結成光爲太陰。他將傳統的「五行」與行星做結合，因爲是「五行」的相生，所以才能生生不行，接著張雍敬解釋這五行的是如何相生：

〔註16〕清・張雍敬著；續修四庫全書編輯委員會編輯，《定曆玉衡》，《續修四庫全書》，頁 452。

> 星羅萬象，著天體也，故經星最上。土長五行，曜地德也，故塡星次之。木火通明，而太陽則火之盛者也。金水相涵，而太陰則水之精者也。上下相生，五行之定理也。高卑有等，四時之定序也。土木火爲陽，故附于日而晨明；金水爲陰，故附于月而夕見。分則九重，通爲一氣，運行不息，所乘者，機也。〔註17〕

諸星附著在天體，所以經星在最上面。土衍生五行，照耀地德，所以塡星次之。木火通明，而太陽是火最旺盛的代表。金與水相互包容，所以月亮是水的精華。上下相生是依五行的定理，土木火爲陽所以附在太陽旁，金水爲陰所以附在月亮旁，因爲這樣分爲九重，實際爲通成一氣，運行不息。張氏除了說諸星高低不等與參差不齊外，又加以使用五行相生的原理解釋了七政的誕生與運行方式，讓所有星辰通成一氣。

張氏在後面的章節，對利瑪竇所說的「九重天」加以分析做討論，他認爲利神父「天九重」的運轉方式是相互違背的，只有陰陽五行才能讓星體運轉的那麼順暢，所以寫了一節〈西法天象辨〉：

> ……利氏因古今之皆杞人也，於是謂天體硬堅，而日月星宿定在天內，如木節在板，因天而動，是則可無虞其墜矣。今試驗之，惟太陽隨氣順旋，有一定之度，若月與五星，則各有疾遲者也，使定在天內，則九層相包，動則俱動。……若謂遲疾之故，即屬天體爲之，則九層相次，無容此一層疾，彼一層遲；此一層順，彼一層逆，參差相間，牴牾不合也。〔註18〕

利瑪竇因爲一直有人無端的憂慮，所以才說天體堅硬，諸星體全都附在天裡面，就好像木節定在木板上，因爲天才會動，所以不用擔心會墜落。驗證了他說的九重天運行方式，只有太陽隨著氣順勢旋轉，有一定的速度，假設月與五星都有各自運轉的速度，那定在天內，還層層相包……若所謂的快與慢是天體的關係，則天一層接一層，是沒辦法容許一層快又一層慢，一層順行又一層逆行的，這是相互牴牾不合的。他完全反駁利神父所說的內容，而且他也試驗過這樣的天體運行是否正確，他的結論是相互牴觸，所以他才說，

〔註17〕 清‧張雍敬著；續修四庫全書編輯委員會編輯，《定曆玉衡》，《續修四庫全書》，頁452。
〔註18〕 清‧張雍敬著；續修四庫全書編輯委員會編輯，《定曆玉衡》，《續修四庫全書》，頁483。

只有陰陽五行的天體與運轉方式才是最正確的：

> 陰陽五行，雖本一氣，而要必陰陽爲幹，五行爲枝，則其成象亦必
> 日月爲大，五星爲小。今乃土木火等星其大于月也，或千百倍。是
> 猶人之指大于臂，脛大于肢也，非奇疾，則怪民矣。遷就偏說，而
> 遺其本原，幾不知陰陽五行爲何物，此古今術家之通病也。〔註19〕

陰陽五行，雖然全都同一氣，但必定是以陰陽爲幹，五行爲枝，這樣所成的
星體一定是日月最大，五星較小。但現在所說，土木火等星比月亮還大，這
跟人的手指比四肢還大的道理是一樣的。遷就於奇怪的說法，遺忘了本原，
不知道陰陽五行爲何物，這是古今術家的通病。他認爲會有那些錯誤的觀念，
就是不知道陰陽五行的重要性，陰陽五行才是本源。

　　由上述所引的資料內容來看，張雍敬是接受「九重天」的天體模式，
但是他不認同利瑪竇所說的星體運動方式，他試過，認爲這樣的理論是不
通的，只有將星體運動方式以陰陽五行的相生解釋，才是可以生生不息的
運轉。

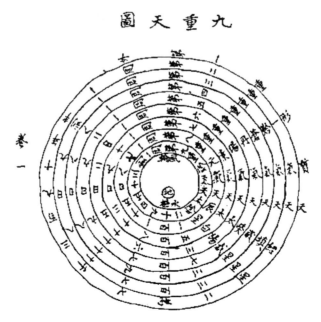

圖19：《定曆玉衡》中的〈九重天圖〉

〔註19〕　清‧張雍敬著；續修四庫全書編輯委員會編輯，《定曆玉衡》，《續修四庫全書》，
　　　　　　頁484。

從熊明遇、馮應京到張雍敬，時間從明末到清初，這些士大夫對天體的運轉與模型雖師從利瑪竇，即使是與傳教士交好的那幾位文人，他們在面對全新的知識體系時，還是對它充滿了疑問，置入書籍中的資料，也是經過思考與驗證的，他們並沒有全然的信任神父所說的一切。尤其時間越晚，看得出來討論「九重天」的士大夫，他將自己所學或經典已出現的內容放到「九重天」的理解上，除了天體的模型與當初傳教士所繪製的一樣外，再著作裡闡述的想法，已和原來的「九重天」不相同了。

第二節　重提天體的架構──「天一重」

傳教士所提出的多重天體觀念，支持與反對的士大夫都能在經典古籍中找到佐證的內容，如在《楚辭》、《太玄經》等，都提到「九天」的概念。而不支持「九天」的士大夫，則會從朱熹的說法出發，找到朱子所說的話當證明，就像張雍敬將朱子的想法當成錯誤內容，需要被澄清。

在後人為朱熹所編輯的《御纂朱子全書》裡，就提到朱子對「天地」的看法，明朝士大夫就將此說歸在「天一重」裡：

> 天地初間只是陰陽之氣。這一箇氣運行，磨來磨去，磨得急了，便拶許多渣滓。裏面無處出，便結成箇地在中央。氣之清者便為天，為日月，為星辰，只在外，常周環運轉。地便只在中央不動，不是在下。〔註20〕

他說到天地間只有陰陽之氣在運行，其他的諸星天體都是陰陽之氣在運轉時，所產生的渣滓。而，利瑪竇在〈九重天圖〉旁所附上的文字裡也說到，宋時的儒者，將天體的運轉譬喻成螞蟻在石磨上行走，只是忽略掉天體的多重性。所以，最少可以知道，「天一重」的概念在宋朝時就已經被提出了。

（一）對「九重天」的疑問

因為先賢已對「天體」模型提出了不同的想法，所以對於接觸到傳教士所教授「九重天」的天體觀，士大夫吸收後做出了選擇，前述的那些文人就是接近這些想法的人，而接下來這幾位儒者，就是回到朱子的說法，「天一

〔註20〕 宋·朱熹著；清·李光地、熊賜履等編，《御纂朱子全書》，《景印文淵閣四庫全書》，頁 373。

重」。

　　章潢在其編著《圖書編》裡，放置了〈九重天圖〉（圖 20），他對於「天有九重」的說法極為不認同，所以撰了名為〈九天說符〉的文來闡述他的想法：

> 天，一也。胡為有九天之說哉。予自幼聞之，莫識其指意，其荒唐而莫之信也。〔註21〕

他很直白的說，天只有一個，哪有什麼九天的說法，從小聽聞與學習的內容，都沒有類似的說法，真是荒唐而不可以相信。他直斥「九天」說是荒唐的論點，接著又說：

> 五星二曜，合璧連珠，會歸一處，亦不免有層疊之疑。及博覽諸載籍有云，日上而月下者，乃知日之高于月也。惟其有高下之位，晝夜往來，同度同道，或至薄食，不相妨碍。……是以高下分作兩層，故謂日月各一天也。〔註22〕

所有星辰歸在一處，難免會有層疊的狀況。諸多書籍就記載道，日在上而月在下，就知道日高于月，只有分出高低的區別，晝夜往來才不相妨礙。用高低分作兩層，所以日月就各自一天。

> ……前十餘載傳聞有蕃僧航海入中國者，詰身中止懷昊天圖像一幅，畫天為九瓣，天在最上一瓣，坎三垣二十八宿所，繫坎填星、坎歲星、坎熒惑、坎日輪、坎太白、坎辰星、坎月。由上而下，各分作一瓣。……初亦不解其義，近接瞿太素，謂魯游廣南覯一僧，自稱胡洛巴人，最精曆數。〔註23〕

十多年前就有聽到蕃僧航海入中國，身上帶了昊天圖像，此像將天分為九瓣，三垣二十八星宿在最上面一辦，其他的五星二曜就依序的各得一瓣。剛開始無法了解這樣的說法，詢問瞿太素，他說他在廣州南方遊歷時遇到一個僧人，自稱胡洛巴人，非常精通曆數。章潢很早就知道傳教士所說的「九重天」，只是那時候他無法了解神父們表達的天文觀，他在問了瞿太素之後才了解的，所以他才說「九天」之說是錯誤的：

> ……若以九層豎起，仰觀則几，三垣二十八宿，五星二曜，其小大

〔註21〕明・章潢著，《圖書編》，（台北：成文出版社，1971 年），頁 2463。

〔註22〕明・章潢著，《圖書編》，頁 2463。

〔註23〕明・章潢著，《圖書編》，頁 2464。

朙暗，參差不齊，何可勝筭，要皆高下，層疊不同故也。是故合前
所聞所見論之于一天之中分之爲九者，因日月星宿位坎不等而分
之，此所以有九天之名歟。噫，果信九天，匪妄說，則九地亦必有
義存乎其中矣。〔註24〕

若將九層豎立起來，仰著看它，這些星辰參差不齊的，是因爲層疊不同的原
故。所以結合以前所聽所見的論點，將一個天分爲九個的，是將日月星宿的
高低不等來區分的，所以才有九天的說法啊！

　　從章潢所寫下的內容，可以知道他不認可傳教士說的「九天說」，而從他
對神父們的稱呼「蕃僧」，能知道他其實對這樣域外人士的接受度不高，在這
個文裡可以一直看到他強調「九天」說是荒謬的，只是因爲諸星遠近，參差
不齊，所以才顯得有多重，事實上，天只有一重。

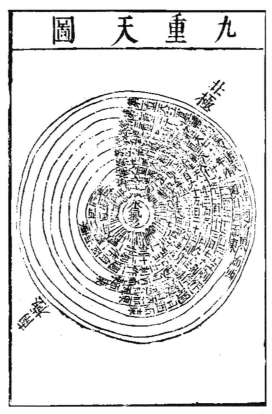

圖 20：《圖書編》中的〈九重天圖〉

〔註24〕明・章潢著，《圖書編》，頁 2465。

　　時間再晚一些，方以智編撰了《物理小識》，他在書裡也置入了「九重天」說，但不是在認同這個學說，而是在說明天重數的未確定，且他在〈序〉中就先說道他對傳教士所帶入的知識感到疑惑：

　　　　萬曆年間，遠西學，入詳于質測而拙于言通幾，然智士推之、彼之，

　　　　測猶未備也。〔註25〕

萬曆年間所傳入的西方學說，詳細並可以測驗，所以有學識的人便追尋這些內容，只是測驗的內容還不夠完備。藉由他的書寫，可以知道當時接觸西學的士大夫，有一部份人會對這些學說一一檢視與測驗。所以，他在書裡提到對「九重」天的看法：

　　　　……所謂靜天，以定算而名；所謂大造之主，則於穆不已之天乎。

　　　　彼詳于質測，而不善言通幾，往往意以語閡，愚者斷之如此。其金

　　　　水附日一周，穆公曰道未未精也。我國有一生，明得水星者，金水

　　　　附日，如日暈之小輪乎，則九重不可定矣。格致草云恒宿天七千年

　　　　一周，宗動天四萬九千年一周，而渾蓋云四萬九千年爲歲差一周，

　　　　謂恒星一周也，不已自矛盾耶。〔註26〕

所謂的靜天，是以定算命名的，而大造之主，是肅穆不已的天。是可以被計算檢查的，只是語言不通，被愚笨的人隨意解釋。有一位儒者，眼力很好可以看到水星，金水依附太陽，就好像日暈旁的小輪，所以九重天數不可以確定。

　　之後，他爲好友揭暄的書寫〈序〉時，又再次提到「九重天」不可定的說法：

　　　　……大西既入，可當郯子，然其疑不決者，終不可決。……昌揭子

　　　　宣淵源其仰萊堂之學，獨好深湛之思，連年與兒輩測質旁徵所確然，

　　　　決千古之疑者。止一左旋並無二動也。槽丸之激退而滾進也。日光

　　　　肥而地影瘦也。七政各體皆圓，圓皆轉行非平行也，金與水附日，

　　　　而爲小輪也。星避日衝，故有伏逆遲留也。歲實無差，祇星差耳三

　　　　際，九重非定論矣。諸如此類，每發一條，輒出大西諸儒之上，乍

〔註25〕明・方以智著，《物理小識》，《四庫全書珍本》，（台北：台灣商務印書館，1981年），頁2。

〔註26〕明・方以智著，《物理小識》，《四庫全書珍本》，頁31。

閱之洞心，駴目實究之，本如是也。〔註27〕

遠西學人帶來的學識，可當鄰子，然後懷疑這些學說的人就永遠不會相信。揭子宣的學問來自仰萊堂，喜歡思考許多問題，好幾年與孩子一起測試檢驗這些學說，解決了一些疑問。天體只有一個左旋，沒有兩個動能。七政的形狀都是圓的，圓球的運轉就不是平行，金星與水星依附太陽，是小輪，所以天體是否爲九重，尚不能確定。

　　清初的周于漆，他在著作《三才實義・天集》中，撰寫一小節文章來討論「九重天」（圖 21），他也是認爲因爲高低不同所造成的錯覺，文名爲〈天有九重辯〉：

> 天者，氣耳。其上無際無體可求，何自而言九重哉。益天之空際，有日有月有五星列宿，參差高下不等，使不以法測之，則七政列宿之高低，茫然無定，倘謂七政列宿，並行空中，而無高下遠近之殊，將交會凌犯之際，其不相妨礙者，鮮矣。惟日月五星列宿，各有高下，經緯常行之度，故各順其次，各行其序。……由小知大；由下知高；由近知遠，遂定爲九重之說，非天有九重也，以日月星辰之層次而論耳。……究之天何有層級哉，乃說者於九重之上又創爲宗動天，及天帝所居之說，則不經之論矣。〔註28〕

天體，就是氣。天高高在上也無形體可得知，怎麼能說有九重呢？天上有日月星辰，參差不齊，沒有辦法來測量它們。若諸星辰並行在空中，沒有高低遠近不等的分別，在彼此交會時而不相互妨礙的，不太可能會無事。只有日月星辰，各有高下，才能有秩序的運行著。也因爲這樣才有九重的說法，並不是天眞的有九重，只因爲從諸星辰的層次來論述的。……討論天有幾層，說的人在九重上增加了一層——宗動天，即爲天帝所居住的地方，這是不可靠的說法。由最後那一小段，可以知道周于漆對於傳教士所說，宗動天爲上帝的居所認爲是不可相信的。

〔註27〕明・揭暄著，《璇璣遺述》，《叢書集成續編》，（台北：新文豐，1989 年），頁569。

〔註28〕清・周于漆著，《三才實義・天集》，《續修四庫全書》，（上海：上海古籍出版社，1995 年），頁 262。

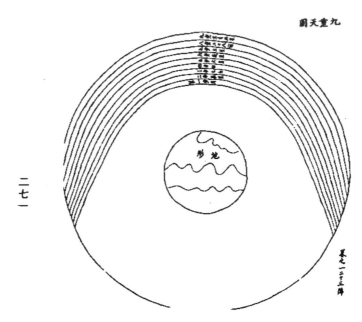

圖 21：《三才實義》中的〈九重天圖〉

（二）「一重天」的建立

　　方以智說到喜歡思考，並測驗這些學說多年的揭暄，把這些測驗成果與他自身研究的內容，編撰成書其名爲《璇璣遺述》，該書的內容多處對「九重天」提出疑問，他也對這些問題進行實驗，他先將問題提出：

> 古之言天者眾矣，蓋以天與日月五星各有獨動之輪，高下遲疾伏逆
> 不同種種之議生焉，朱子則謂天左旋政亦左旋，天行疾一日一週，
> 政行遲一日一週，每有不及；明太祖則謂天左旋諸政右轉，循天而
> 東，積久乃得一週，兩者皆言，諸政附於天而不著于天，如蟻之緣
> 於磨，但有順逆之分耳。〔註29〕

以前討論天體的人很多，大多都認爲天體與諸星各自有運轉的方式，高低快慢順轉或逆轉，各種的說法都有，朱子則說天體與諸星都向左旋轉，而明太祖則說天體向左旋轉，諸星向右旋轉，這兩者的言論都說諸星是附在天體上，而不是定在天體內。而傳教士對於天體的描述又不相同：

> 泰西則分天爲九重，諸政各居其一，所以左旋者宗動天，牽掣諸政
> 之天而左耳，而諸政在天自皆右轉，各有本行各爲遲疾。是言諸政

〔註29〕明·揭暄著，《璇璣遺述》，《叢書集成續編》，頁578。

之體，各著一天，政不自行其天帶之以行，如木節在版，至所動不
定，不得已更生小輪及三動之説，而遲留伏逆不可問矣。〔註30〕

西方學説將天分爲九重，諸星體各自在一重，向左旋轉的宗動天，是帶著諸
政運動的天，所以向左，而諸星在天裡所以全都向右旋轉，各自有自身的軌
道與快慢。所以說諸星體各在一天，沒辦法自行運轉，就像在木板上的木節，
沒辦法移動。

是其説愈精其理愈晦，其算愈確其故愈。以愚論之，止有一天更無
二天：止有一動更無二動：止有左旋更無右旋，日月星附于天，止
有高下氣位從内流轉，無九輪之隔別也。何以言之天之體一而厚，
雖其初賦時，止屬微氳然，元氣之生機最神，故積久而體厚矣。

〔註31〕

道理是越説越清楚，所以我認爲天體只有一個，天體的運轉方式也只有一個，
就是向左旋轉。日月星辰是依附在天，只有高低的差別，沒有九重的區別。
怎麼會説天體只有一個而且厚，只是陰陽之氣的交匯，時間久了自然會變厚。
對於問題的提出後，直接做實驗，並將實驗的狀況紀錄下來：

試以平版作一盤，犁爲溝槽六道驗之。其槽皆環規深滑，層層相裏，
自内至外各置一圓珠，共置一方，如日月合璧五星貫珠，式版之中
心豎一圓幹，以手按之，使盤左旋，而盤行勢急珠必倒退，蓋珠之
下躊實麗於盤者，爲盤所洩，帶動而西，其珠之上虛者必倒轉一步
以從西行之勢。……其盤旋動槽中之物不能凝立，圓者必轉，直者
必仆，小者輕者不亟移則飛躍，定理如此。〔註32〕

他用平的木板做一個圓的盤子，盤裡做了六道溝槽，一層裏著一層，内到外
都放置一個圓珠，板子中心放了一個圓柱，用手按著爭心，讓圓盤向左邊轉，
圓盤轉的快珠子就會倒退，在圓盤旋轉的東西如果不能固定著，形體圓的就
會轉，形體直的就會倒，小的輕的就會飛出來，道理就是這樣。因爲這樣的
測驗，確定了「九重天」的運轉方式不對，所以更加確定「天一重」的想法。

　　測驗的結果，傳教士所説的天體運行模式是有問題的，所以他就寫下對
於天體重數的文章〈天惟一體〉：

〔註30〕明・揭暄著，《璇璣遺述》，《叢書集成續編》，頁578。
〔註31〕明・揭暄著，《璇璣遺述》，《叢書集成續編》，頁578。
〔註32〕明・揭暄著，《璇璣遺述》，《叢書集成續編》，頁579。

> 問月處下，日居月上，火木土恆星以次而遠，或分天爲三爲九爲十
> 一，洵有幾重乎？曰天一而已，其體則厚。蓋天原以一氣生天生地
> 生萬物，惟是渾淪磅礴，廣厚無際，日月星辰麗於中，如山之宿石
> 或在其巓或在其半或在其麓，又如人身之口目臍腎，雖有高下，實
> 共一體。夫以地之小，尚數千里，而華又數千里而恆而岱，況天乎？
> 凡體圓者，廣與厚等。氣合者，小與大無間，天立圓而以氣合者也，
> 雖欲分之，安所得而分之。〔註33〕

太陽在月亮的上方，其他恆星則往後排並漸遠，有將天分爲三層爲九層爲十
一層，眞實是有幾重？答案是天只有一重，它的形體厚實。是因爲天原本是
一個氣體，生天生地生萬物，日月星辰都在中，就像人的身體的嘴巴、眼睛、
肚臍與腎，雖然有高有低，實際上是共同存在於一個地方。地比較小都還有
幾千里，何況是天呢？揭子宣用人體的器官來說明這些星體都是同處在一個
地方，只是遠近不同，不存在「幾重」的狀況。他除了用這篇小文敘述「一
重天」的概念外，在書後還另外放置圖文（圖 22）對照的內容，使用圖示幫
助讀者了解他要表達「天一重」的想法，再次解釋天一體的概念來加強讀者
印象：

> 天渾淪一氣，無分重數，特其氣甚厚，外剛內柔，以外掣內漸遠漸
> 殺以至不動，各政附于氣中，居有高下，因有遲速，又因掣而有倒
> 退，如圓槽置珠立幹挪之，盤進則丸自退，又因日火對沖而成小輪，
> 如曲水流觴，氣緩則束退耳，上下往反兩旁升降，視之似爲遲留順
> 逆焉，實則其爲一氣，其此一掣，其屬左旋。萬氣皆由一氣，萬動
> 總由一動也。〔註34〕

天體就是一個陰陽之氣，沒有重數的分別，只是這氣體很厚實，各個星體就
靠在這氣體之中，有高有低，因爲速度不同又因爲有的倒退，就像圓槽中放
置珠子，轉動圓盤，珠子就往後退，又因爲太陽與火星對沖而形成小輪，實
際上還是只有一氣，所有的星體運動只有一個運動。

可以知道揭子宣花了很多時間來驗證傳教士所說的知識，經由實驗，他
認爲西方的天體運轉方式是不對的，這樣的模式，天體會出問題。所以，他
使用一些篇幅來闡述自己的想法，天體只有「一重」，只是因爲諸星體高低遠

〔註33〕 明・揭暄著，《璇璣遺述》，《叢書集成續編》，頁 587。
〔註34〕 明・揭暄著，《璇璣遺述》，《叢書集成續編》，頁 680。

近的關係，所以看起來似乎有許多重。

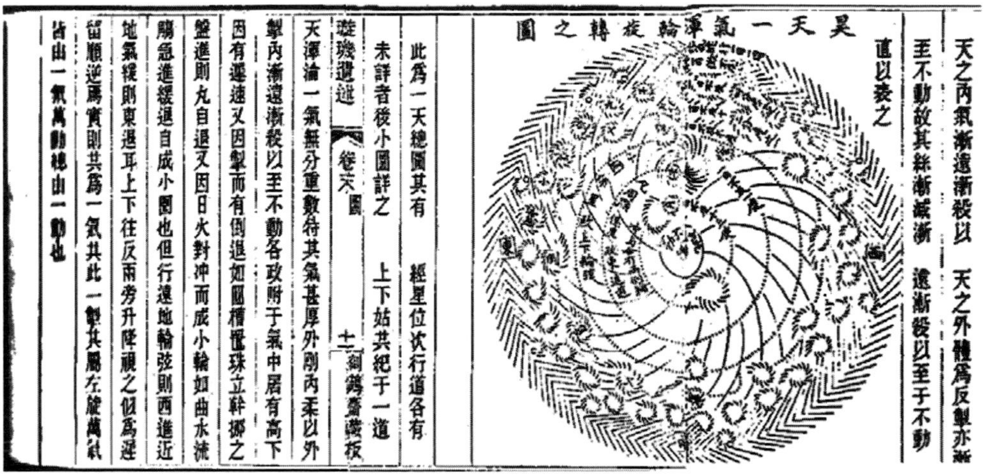

圖 22：《璇璣遺述》

游藝，他也是「天為一體」的支持者，在其著作《天經或問》一書中先以圖文簡單說明他此書的重點，且最先說明的就是「天」的重數：

> 天渾淪一氣，無有重數，特以外製，內以剛製，柔則漸遠漸殺以至永靜，因分重數以便起測，萬化皆由一氣，萬動總由一動，微妙不測者，莫如此動，新語曰：天體本一，而各政居有上下，然共一心，同為一製，諸政皆左旋，而有自行輪，輪則激退滾進□有倒逆之形，其實皆是進也。〔註35〕

天體就是一個氣體，沒有很多層，將它分數重是方便測量，千變萬化都是從一個氣所變化而來的，所有的運動皆由一個動力來的，所以說天體本來就只有一個，而各個星體所處的地方有上有下，它們同一個中心，所有星體都左旋。他這邊提到將天體分重是為了方便研究人員計算，這與揭暄認為天體因為高低遠近不同，所造成似乎天體是多重的說法不同。接著，游藝在正文先放入一小段文字討論〈天體〉：

> 問：天之蒼蒼，高遠無極，其星辰錯綜，體象運旋可得聞歟。〔註36〕

有人問，天是如此的高且遠，一望無際，星辰錯綜複雜，天體的運轉與旋轉狀況可以得知嗎？所以他接著回答這個問題：

〔註35〕清・游藝著；清・紀昀等編，《天經或問》，《景印文淵閣四庫全書》，頁567。
〔註36〕清・游藝著；清・紀昀等編，《天經或問》，《景印文淵閣四庫全書》，頁586。

> 曰：天體如碧瓓，映而渾圓，七曜列宿層層運旋以裹地七政運旋有
> 高下，故層曾云。地如彈丸，適天之最中，永靜不動而四面人居焉。
> 最上一層常靜天爲諸天主宰宋儒謂此天爲天殼也，而不可思議。其
> 次爲宗動之天，帶轉下諸重天也。……吾儒按九重者，因恒星七曜
> 行度各異相次，而上權立數重以起測云。〔註37〕

游藝回答，天體像美玉琉璃，光明而渾圓，諸星一層一層運轉裹住大地，地
像丸彈一樣，處在天體的最中央，永遠不動且人們在上面居住，天的最上一
層爲常靜天，它是諸天的主宰，再下一層是宗動天，它帶著其他諸天轉。儒
者所說的九重天，是因爲恒星七政的運轉方式都不同，所以立了重數以方便
觀測。

　　游藝對天體的概念也是屬於「天爲一體」，只是他在正文解釋天一體的想
法，不難看出是有受到傳教士的影響，如「天體如碧瓓，映而渾圓」，與利瑪
竇在介紹天體樣子相似，利氏是這樣描述的「天體明而無色，則能通透光如
琉璃水晶之類無所碍也」。再者，游藝說「常靜天」是「諸天主宰」，與帶動
諸天運動的「宗動天」，雖然他最後說將天分爲九重是爲了方便觀測，但還是
能找到傳教士的影子。

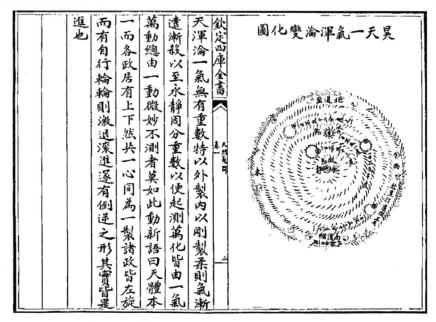

圖23：《天經或問》中的〈九重天圖〉

〔註37〕清・游藝著；清・紀昀等編，《天經或問》，《景印文淵閣四庫全書》，頁586。

第四章　利氏輿圖的不同閱讀方式

第一節　「宇宙觀」的製圖概念

　　前面說到利瑪竇所製作的輿地圖，內含「九重天圖」，他雖然沒有在該圖的文字敘述中展現他想告訴中國的觀圖者「九重天」背後的「天堂」意含。當時的傳教士在討論「天文」時，「天主」必定是離不開此範疇的。

　　而神父們所帶來的「多重且封閉」的天文觀，實際上，早在在希臘時代，這樣的同心圓體系的天體模式，就已有多位學者討論，而現今對此天體模式的既定概念，並在天文史留下一筆濃厚色彩的，為亞里斯多德。

　　他在多個著作中都談論到天體的形成與運轉，以及其他相關的問題。先是《論天》該書裡說到宇宙的元素，他說：

> 由於認為最初物體是土、火、汽、水之外的另一種存在物，他們就把
> 這個最高的地點名之為「以太」〔註1〕

宇宙的組成由土火汽水，這觀念是在他那時代就已經多數認可的觀念，而他加入了第五個元素「以太」。接著，亞里斯多德解釋他對於「天」想法為何：

> 我們首先要解釋我們所謂「天」的含意是什麼以及有多少含義，以便
> 更清楚地理解我們的研究對象。在一種意義上，我們把整個宇宙最外
> 圍的實體稱為「天」，或把整個宇宙最外圍中的自然物體稱為「天」；
> 因為我們慣於用「天」這個詞來稱呼最外層和最高的地方，我們相信，
> 所有神聖的東西在那裡也有其位置。在第二種意義上，我們把「天」

〔註1〕 古希臘・亞里斯多德著；苗力田主編，《論天》，《亞里士多德全集》，（北京：中國人民大學出版社，1997年），頁273。

一詞用來指與整個宇宙最外圍連續著的物體，它包括月亮、太陽和某
些星體。此外還有一種意義，我們把「天」用于指被最外圍包容著的
一切物體；因爲我們習慣于把整體或全體稱爲「天」。〔註2〕

他認爲「天」有兩個意思，第一個是在整個宇宙的最高處，他相信所以神聖的東
西也在那裡，這裡就有「神性」的味道。再來，第二個「天」就是較狹隘的在說
日月星辰等諸天體。隨後，他就討論到「天」的形狀，他直接認定是圓形的：

天體的形狀必定是球型的。因爲這最適合它的本質，而且在本性上也
是最初的。〔註3〕

亞理斯多德很肯定它的形狀，而他認定的方式是用「本質」的概念。可能覺得
使用「本質」來論述無法讓讀者了解他想表達的想法，所以就又用其他方式來
證明「天」的形狀：

此外，如果天體的旋轉運動是一切運動的尺度，那是因爲只有它是連
續的、均衡的和永恆的。在每類事物中，尺度是最小的。並且，最小
的運動就是最快的，所以顯然，天體的運動也應該是所有運動中最快
的。……所以，如果天體是做圓周運動，並且又是被運動得最快的，
那麼，它就必然是球形。〔註4〕

他說只有天體的運動是連續且永恆的，天體運動是最快的，只有圓周運動是最
快的，所以天體必然是圓形的。

他在《形而上學》一書中，更加詳細的解釋星與星運動及軌道的相關知識，
他先是藉由兩位學者的研究的成果，來闡明自身多重的天體觀，書中第一位學
者是歐多克索：

歐多克索推論日、月之運動各依循三個天球。第一爲恒星天，第二爲
黃道之中線圓軌，第三爲黃道兩至間的偏斜圓軌。……行星動軌各有
四個天球，其一二天與上述日月動軌相同（恆星天爲總動天，與其下
之黃道中線圓軌，爲諸天體所共依。）〔註5〕

該學者認爲日與月是照著三個天球在運動，而恆星天是諸星運轉的依據，而另
外一位學者加里浦則在上一位學的基礎下又增加新的軌道：

〔註2〕古希臘‧亞里斯多德著；苗力田主編，《論天》，《亞里士多德全集》，頁295。
〔註3〕古希臘‧亞里斯多德著；苗力田主編，《論天》，《亞里士多德全集》，頁320。
〔註4〕古希臘‧亞里斯多德著；苗力田主編，《論天》，《亞里士多德全集》，頁322。
〔註5〕古希臘‧亞里斯多德著；吳壽彭譯，《形而上學》，（北京：商務印書館，1995
年），頁250。

加里浦于天球位置推論略同于歐多克索，所言宙斯（木星）及克羅諾
（土星）的動軌數亦與之相同，但他認爲日月應各增兩動軌，其餘諸
行星亦各增一動軌，方能與諸天體實測行度相符合。〔註6〕

他認爲日與月本身應該要在加入兩條運動的軌道，才能與實際測驗的數據相吻
合。而亞里斯多德以上述二位學者的研究內容爲基準，再加入自己的想法，混
合成現今所認知的亞里斯多德的天體運動模式：

但在用這些天球的綜合運動來解釋諸天體的實測軌跡時，這又必須爲
每一行星安排其他天球以平衡上述各天球，而使每一天球下層諸行星
得以回復其位置；……這樣核算諸行星所有動軌天球，土星木星共爲
八，其餘共爲二十五，這三十三個動軌只有在最下層的動軌無須平衡
天球，因此平衡兩個最外層行星之球軌爲數六，其次四星體爲數十
六；于是運動天球與平衡天球之總計爲五十五。〔註7〕

結合兩位學者的論點，他自己在各行星的運動增加數條軌道，最後提出天球，
共五十五層的說法。

雖然亞里斯多德已經在這些著作裡，盡量說清楚他認爲的天體運行方式，但
後人在閱讀時還是會有無法理解的地方，所以現在的天文學家將他的天文體系繪
成圖，以方便閱讀及理解，附圖兩張（圖24、25）便於認知亞里斯多德的天文觀。

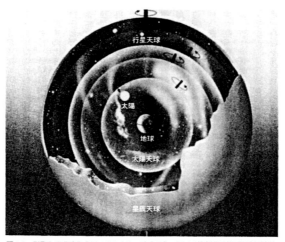

圖1-2　亞里士多德的下面是一組套合在一起的天球，各自的轉軸和旋轉方向都經悉心
調整，使其與觀測到的太陽、月亮、及眾星在空中的運動相近。

圖24：摘錄《銀河系大定位》

〔註6〕古希臘・亞里斯多德著；吳壽彭譯，《形而上學》，頁251。
〔註7〕古希臘・亞里斯多德著；吳壽彭譯，《形而上學》，頁251。

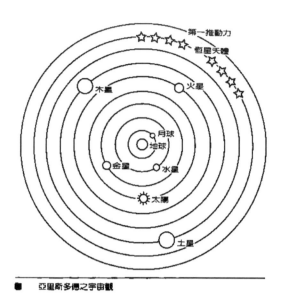

圖 25：摘錄《自伽利略之後》

從上述的內容來了解亞里斯多德的多重天體觀，並不能與教會相關知識相連接，他所撰寫的這些書籍能被教會接受，或許是他對神的崇敬與教會有相同信念，如同他在《形而上學》中說的：

> ……世上若真有這樣一類的實是，這裡就該是神之所在而成為第一個最基本的原理。于是顯然，理論學術有三——物學、數學、神學；理論學術為學術所共尊尚，神學尤為理論學術所共尊尚；每門學術各因其所研究對象之高卑為優劣，而神學所探索者，固為世上最崇高的存在，是以優於一切學術。〔註8〕

他認為神學應該要優於其他的學科，而對於神學的探索者，才是最崇高的存在。緊接解釋為什麼他會認為神學高於一切學科：

> 而神確在更佳更高之處，生命固亦屬於神。生命本為理性之實現，而為此實現者唯神；神之自性實現即至善而永恆之生命。因此，我們說神是一個至善而永生的實是，所以生命與無盡延續以至於永恆的時空悉屬於神；這就是神。〔註9〕

他認為人的生命是屬於神的，神是至善與永恆的，所以他才說，神學的探索者更優於一切學術的研究者。這樣的想法，與教會把天主放在最崇高的位置，

〔註8〕古希臘‧亞里斯多德著；吳壽彭譯，《形而上學》，頁 222。
〔註9〕古希臘‧亞里斯多德著；吳壽彭譯，《形而上學》，頁 248。

並且「至公至善」的。

　　將亞里斯多德的知識與基督教義緊密結合在一起的人，是聖多瑪斯·阿奎那（Thomas Aquinas，西元 1225 年～1274 年）。西元 1273 年，阿奎那在其著作《神學大全》裡使用亞里斯多德的知識來解釋神學，包括了天文體系的相關內容。所以在該書，關於「天」的討論，也分散在一些章節裡，如第六十八題的第一節，便是在討論「穹蒼」，其內容如下：

> 聖經所載的穹蒼是在第二天受造的，可能有兩種解釋。一種是指星宿所在的穹蒼。……有一些人說，天並不是四元素的本性，而是在四元素以外的「第五形體」。這是亞里斯多德的意見。另一種可能的解釋是，按照記載是第二天受造的穹蒼，並不意指那有固定的星辰位於其中的穹蒼，而意指空中有雲凝聚的部份。因這一部份空氣的凝結，而稱為「穹蒼」；因為那結實凝聚在一起的，稱為「堅固的物體」。〔註10〕

他解釋「穹蒼」，是天主在第二天所創造的，會有兩種解釋。一種是星宿所在的，而亞里斯多德所，提出四元素不是天的全部，而還有「第五形體」也就是「以太」。另一個解釋則是，空氣凝聚在一起的「堅固的物體」。還是有其他神學家對「天」有其他的看法：

> ……按照大馬士革的若望，那在第一天受造的天，卻是沒有星宿的「球形的天」，許多哲學家論及這個天說，這是第九個球體，也是第一個可動的形體，因長久的運行而運行；可是那在第二天受造的穹蒼，卻是意指著「星宿的天」。〔註11〕

大馬士格的若望認為，天主第一天所造的「天」，就是第九個球體，也是唯一一個能運動的形體。這裡已經看得到，神父們已經將天體的層數慢慢確定了，只是是哪一層球體才能運動，還是不確定。接著是第四小節的問題，它在討論「是否只有一個天」，阿奎那是這樣說的：

> 為了解諸天的區別，應該注意聖經的「天」共有三種意義：一是「天」有時是按照真正而自然或本然的意義。因此，稱天為至高無上的形體，現實的或潛能中的光明體，天性不朽的形體。按照這一意義，

〔註10〕意大利·聖多瑪斯·阿奎那著；周克勤等譯，《神學大全——第二冊：論天主創造萬物》，（台南：碧岳學社與中華道明會聯合發行，2008 年），頁 285。

〔註11〕意大利·聖多瑪斯·阿奎那著；周克勤等譯，《神學大全——第二冊：論天主創造萬物》，頁 287。

計有三個天。第一個天是完全的光明體，稱為「高天」；第二個天是完全的透明體，稱為「水天」或「水晶體的天」；第三個天是部分是透明體，部分是現實的光明體，稱為「星宿的天」。此天分為八個區域，即是恆星的區域與七個行星的區域，它們可以稱為八個天。二是「天」由於分享天的形體的某種屬性，即是現實的或潛能中的崇高和光輝燦爛，而稱為天。如此，整個從水到月球的空間，大馬士革的若望列為一個天，並稱之為「空中的天」。……三是「天」以比喻的方式稱為天。如此，天主聖三因祂無形的或精神的崇高和光輝燦爛，而有時也稱為天。〔註12〕

阿奎那解釋說「天」的解釋有三種，第一種是自然的本義；第二種是分享天的形體的某種屬性，大馬士革的若望稱為「空中的天」；第三種則是天主的代稱。而第一種自然的本義又有三種解釋，其一是完全光明體，稱為「高天」；其二是完全透明體，稱為「水天」或「水晶體的天」；其三是「星宿天」，分八個區域，即為恒星與七個行星的區域。

　　阿奎那對於「天」的解釋雖然很仔細，但是從書的內容可以知道，當時的神父並未有統一的「重天」觀，最少大馬士革的若望神父，就與阿奎那所持的意見不相同。所以閱讀此書後，還是不太好理解，到底教會認知中的「天」長怎樣。除了天文學與神學混合成為一體外，還有其他的意見在旁邊。

　　在十四世紀，義大利作家但丁（Dante Alighieri，西元 1265 年～1321 年），撰寫了一本書，主人公到天堂與地獄遊歷，最後主人公在天堂看到聖人，所以回到人間後對天主的信仰與崇敬堅定不移，這就是著名的《神曲》，它能充份展現中世紀，充滿教會神學的世界觀。

　　書的主角但丁他在探索自身對於天主的認識，所以作者就安排他從地獄開始遊歷，然後慢慢的往天堂走去，最後在天堂看到諸位聖人。而當他從地面往天上飛升時，與陪同他的貝德麗采，之間的對話，就能大概知道教會對「天」的解釋，書云：

所以你要明白宇宙中上帝所處的原動天以其光與愛包含一切事物，其下諸天體為水晶天、恒星天，接著是土星天、木星天、火星天、

─────────────

〔註12〕意大利・聖多瑪斯・阿奎那著；周克勤等譯，《神學大全──第二冊：論天主創造萬物》，頁 293。

太陽天、金星天、水星天，最後才是月球天，從水晶天起光傳遞到底下各層去，他們受之於上，而施之於下，步步傳遞，所以亮度的差異並非由於密度，而是物體本身的形質，也就是「德性」各有不同，這也是爲什麼宇宙較低的各部分感受神聖力量的程度不一。
〔註13〕

貝德麗采對但丁說上帝在原動天，那是以愛包裹一切的地方。以下諸天分別是水晶、恆星、土星、木星、火星、太陽、金星、水星與月球，光從水晶天起一層一層傳遞下去，亮度不同差別在於「德性」不同。

　　但丁是從上帝居所原動天到月球天，整個宇宙共有 10 層，這與來華傳教士所說的「九重天」是相同的。其原型就是從亞里斯多德開始，再經由阿奎那解釋，最後成爲《神曲》裡〈天堂篇〉所說的模樣。

圖 26：THE HISTORY OF CARTOGRAPHY
中含有天堂與地獄觀的圖

（一）教會傳統的宇宙觀——利瑪竇《坤輿萬國全圖》

　　在但丁創作《神曲》的時期，整個歐洲世界的主宰者就已經是教會了，所以當時宇宙觀，是與神學混合後的學說，這樣的知識體系是整個教會的共

〔註13〕意大利・但丁著；郭素方改寫，《神曲》，（台中：好讀出版有限公司，2013年），頁 222。

同認定主流天文知識。

　　遠渡重洋來到中國的傳教士們在與士大夫交流，必定是將這一套知識，與士大夫交流。所以利瑪竇在繪製地圖時，輿圖所表達的宇宙觀，就是這一整套的知識。

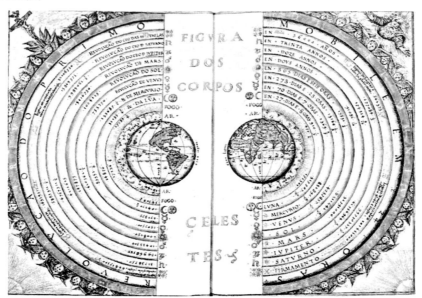

圖 27：THE HISTORY OF CARTOGRAPHY
中被「九重天」包裹的世界地圖

　　萬曆三十年（西元 1602 年），利瑪竇爲了符合士大夫的閱讀習慣，將所帶來的世界地圖重新繪製，並中國放在地圖的中央，該圖名爲《坤輿萬國全圖》。

　　這幅地圖不只是加入了西方地理知識，還有天文學的內容。地圖（圖 28）的右上方有個小圖（圖 9），它的名字爲「九重天圖」，他對「九重天圖」進一步論述的內容放在地圖的左下方，題名爲〈論地球比九重天之星遠且大幾何〉：

　　　　夫地球既度二百五十里，則知三百六十度爲地一週得九萬里，計地
　　　　面至其中心得……，自地心至第一重爲月天，……，至第二重謂辰
　　　　星即水星天，……，至第三重謂太白即金星天，……，至第四重謂
　　　　日輪天，……，至第五重謂熒惑即火星天，……，至第六重謂歲星
　　　　即木星天，……，至第七重謂塡星即土星天，……，至第八重謂列
　　　　宿天，……，至第九重謂宗動天，……。〔註14〕

〔註14〕黃時鑒、龔纓晏著，《利瑪竇世界地圖研究》，頁 166。

利瑪竇在這裡清楚的將「九重天」一層一層的介紹給觀圖者，星體名稱則是將東西方稱呼都標示出來，分別為月、水星（辰星）、金星（太白）、日、火星（熒惑）、木星（歲星）、土星（填星）、列宿天與宗動天。接著又描述天體的狀態：

> 此九層相包如蔥頭皮焉，皆硬堅而日月星辰定在其體內，如木節在板而只因本天而動，第天體明而無色，則能通透光如琉璃水晶之類無所碍也。〔註15〕

天體的排列方式，就像蔥一樣，層層堆疊並且堅硬，日月星辰固定在裡面，只因本天而動，天體透明無色，像琉璃水晶一樣可以透光。

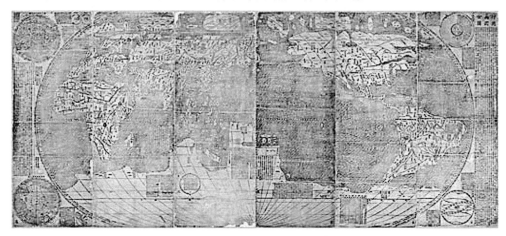

圖 28：《坤輿萬國全圖》

源自：京都大學 http://edb.kulib.kyoto-u.ac.jp/exhibit/maps/map001/image/index.html

到這邊，利瑪竇主要在敘述天體名稱、排列方式與外觀，並沒有說明天體運動的方式，所以他在「九重天圖」旁邊有一小區塊寫到：

> 按列宿日月星諸天各自運行遲速不等而俱，為宗動天帶之左旋。宗動天之行最速，人從地上望之，但覺日月星皆左旋，其實自是右轉。宋儒蟻行磨上之喻，近之，但未知天有重耳。若非各自一天，彼日月星辰錯行，何能不害不悖此理。歐邏巴諸國講之極詳，不能具述，地水合為一球，氣包地水而火又包氣，九重天又包火外，亦另有解茲揭其大略云爾。〔註16〕

利瑪竇在此簡單的說明，日月星辰的運轉都是由宗動天所帶動，宗動天是向

〔註15〕黃時鑒、龔纓晏著，《利瑪竇世界地圖研究》，頁 166。
〔註16〕黃時鑒、龔纓晏著，《利瑪竇世界地圖研究》，圖版十九。

左邊轉，而其他星體是向右邊轉，只是宗動天的速度太快了，人們觀看時才會感覺是向左轉，宋儒蟻行磨上的譬喻很接近，但不知道天有數重，若不是各自有一天，日月星辰的運行怎麼不衝突。而這些理論歐邏巴諸國已經講的很詳細了，若要仔細的陳述，就要另外再說這方面的內容。

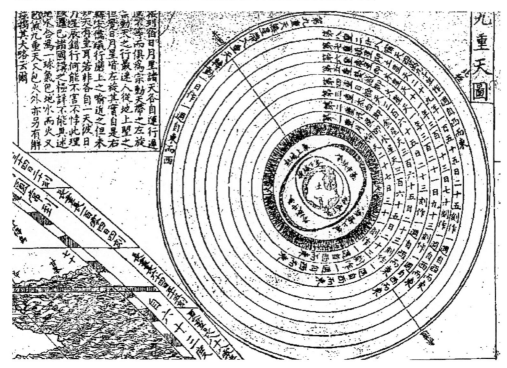

圖 29：禹貢版《坤輿萬國全圖》

從上圖可知道「九重天圖」與〈論地球比九重天之星遠且大幾何〉內容是相符合的，不管從圖或從文能讀到利瑪竇帶給閱讀者的是西方的天文觀。

再來就是架構整個宇宙組成的「四元素」，利瑪竇將這個內容放在「九重天圖」下方，它的內容為：

四行論略曰：天主創作萬物于寰宇，先渾沌造四行，然後因其情勢布之于本處。火情輕則躋于九重天之下而止，土情重則凝而安天地之當中，水情比土而輕則浮土之上而息，氣情不輕不重則乘水土而負火焉，所謂土爲四行之濁渣，火爲四行之淨精也。火在其本處近天，則隨而環動，每偕作一週，此係元火，故極淨甚炎而無光焉。無光者何，無薪炭等體以傳其光，故爾若一遇外物衝照則著而發光矣，比如窰既久燒，而方除薪碳，雖內弗現火光，而熱氣甚盛，可

速點。物矣。天下萬象之初皆以四行結形，又曰：夫氣處所，又有
上下中三域。上之因邇火則常太熱，下之因邇水土，而水土恒爲太
陽所射，以光輝有所發煖則氣並煖，中之上下遐離熱者則常太寒冷，
以生霜雪之□□，其三般氣處又廣窄弗等。若南北二極之下，因違
遠太陽者，陰氣甚，則上下熱煖處窄而中寒冷處廣。若赤道之下，
因近太陽者，陰氣微則反焉，故熱煖處廣而寒冷處窄。如上圖。〔註
17〕

天主創造萬物前，先造了四種元素，然後因爲四種元素的特性而分別布置在
這個宇宙裡。火比較輕，所以處在上方，而在九重天之下。土比較重，所以
放在天與地之中。水比土輕，所以浮在土上方。氣不輕不重所以覆在水與土
之中而遠離火。在四元素之中，土是最低沉粗重，而火是最純淨的，所以火
在宇宙之中最靠近天且隨著它繞動，每陪著繞一圈是元火，所以是最純淨且
最熱並沒有光。爲什麼沒有光，沒有薪碳等物體傳光，所以若有一種外物照
著而發光，就好像窰裡燃燒許久，把薪碳都拿出來，雖然裡面什麼都沒有，
因爲熱度夠所以可以快速點燃東西。天地萬物最初都是以四元素來成形，
所以又說這氣所處的地方又分上中下三處。上處因爲靠近火所以太熱，下處
靠近水土，水土爲太陽所射，因光輝有所發暖，中處則上下都遠離熱，所以
太冷而生霜雪，這三處的廣窄不等。南北二極以下，因爲遠離太陽，所以陰
氣較多，熱暖處窄而寒冷的地方廣。赤道之下，靠近太陽，陰氣不多，所以
熱暖氣廣而寒冷窄。這段話利瑪竇說的很詳細，天地萬物都是天主所創作的，
而萬物的起源是來自這四種元素，而這四種元素也充斥著這個宇宙。

最後是「地圖」本身，它放置在整個輿圖的正中央，也佔據絕大部份的
空間，使觀者第一時間感受到跟東方傳統完全不同的地圖繪製方式，對於這
個圖利神父撰寫一篇文章介紹它，名爲〈天地渾儀說〉：

地與海本是圓形而合爲一球，居天體之中，誠如雞子，黃在青內。……
又以地勢分輿地爲五大州，曰歐邏巴，曰利未亞，曰亞細亞，曰南
北亞墨利加，曰墨瓦蠟泥加。〔註18〕

地與海是爲一體的，合成一個圓形，居處在天體的中央，就好像雞蛋，蛋黃
在蛋白裡面。……又從地勢將整個大地分爲五大州，分別爲歐邏巴、利未亞、

〔註17〕明・利瑪竇著：朱維錚主編，《坤輿萬國全圖》，《利瑪竇中文著譯集》，頁216。
〔註18〕黃時鑒、龔纓晏著，《利瑪竇世界地圖研究》，頁165。

亞細亞、南北亞墨利加及墨瓦蠟泥加。利神父再次提醒讀者，雖然地圖那麼大，但是地與海合起來的圓球是居處在天體之中的，它並沒有超過天體的重要性。之後才介紹地理大發現後所知道的新大陸，並跟觀圖者介紹這些地方。

堅實不可摧毀的圓形天體，內在結構是一層包裹一層，所有行星在層次分明的地方固定的運轉著，土、火、汽、水四種元素充斥著整個宇宙。天體加四元素再加地理，整個合起來才是完整的《坤輿萬國全圖》，這整個天文體系是從亞里斯多德到利瑪竇一脈相承的，因為聖多瑪斯關係，在這層次分明的天體裡加入了神學概念，宇宙的形成是主的榮光。而這些內容就是傳教士們要帶給東方士大夫的資料，利神父只用一張全新的繪圖方式介紹給士大夫們觀看全部。

（二）過渡時期的宇宙觀──南懷仁《坤輿全圖》

中原易主，傳教士們帶著這些知識加入新的政權，並得到了重用。康熙十三年（西元 1674 年），南懷仁（Ferdinand Verbiest，西元 1623 年～1688 年）在利瑪竇的基礎之下，重新繪製了新的世界地圖，名為《坤輿全圖》（圖 30），從這個新圖裡可以看出利神父所留下的痕跡，也能看到與南懷仁神父新加入的不同資料。

先是天文知識，他沒有將「九重天」放到新圖裡，反而用他當時已測量出的天文知識來證明地球是圓的這個概念，撰了兩篇文章，一篇名為〈地圓〉，另一篇則是〈地體之圓〉。

接著仍是「四元素」之說，對此概念他是承接利瑪竇的內容，並加入更多資料撰成新文，名為〈四元行之序並其形〉，文云：

> 四元行，不雜不亂，蓋有次第乎。其間故得其所則安，不得其所則強，及其強力已盡自復歸于本所焉。本所者何，土下而水次之，火上而氣次之，此定序也。故有三。一曰重輕。重愛卑、輕愛高，以分上下。重輕又有甚次之別，因上之中有下，下之中有上，以分元行之四。水輕于土，氣重于火，水在土之上，氣在火之下，然水以重言氣，以輕言者較從其眾故也。蓋水對一土，曰輕；對二火、氣，曰重；氣對一火，曰重；對二水、土，則曰輕也。以是如水必下而不上，氣必上而不下矣。〔註19〕

〔註19〕清南懷仁著，《坤輿格致畧》，《法國國家圖書館明清天主教文獻 5》，（台北：台北利氏學社，2009 年），頁 79。

四元素各有次第，各自放在適合的位置，若放在不適合的位置，元素會歸爲宇宙中原本應有的地方。什麼是應該的地方，土在下而水在它的上方，火在上而氣在它的下方，這就是固定的秩序。而這秩序可以分三分面說，首先是重跟輕的區別。重的在下方，輕的在上方，用這樣來分上下。輕重又有一些區別，以四元素來說，水比土輕，氣重於火，水在土上方，氣在火下方，若以輕重來對比的話，水比土輕，對火與氣來說水比較重；氣比火重，對水與土來說氣比較輕，所以水在下方而不會在上方，氣在上方不會在下方。南懷仁對於四元素的說明到這邊是與利瑪竇的相似，之後接著進一步論述其他的內容：

> 二曰和情。蓋情相和則近，相背則遠。假如乾冷成土，濕冷成水，以冷情相和，故相近。濕熱成氣，濕冷成水，水氣以濕情相和，故亦相近。乾熱成火，濕熱成氣，氣火以熱情相和，故亦相近。若背情之行，相反則遠。假如水冷而濕，火熱而乾，二情正背，故以相遠，問土火以乾情相和，而極遠者以土火雖有相和之情，重輕大異，故權衡于二者之故，可以定四行之序矣。〔註20〕

第二方面是和情。性情相和的會靠近，不和的會遠離。假設乾冷成土，濕冷成水，以冷來相和，所以靠近。濕熱成氣，濕冷成水，水氣以濕來相和，所以靠近。乾熱成火，濕熱成氣，氣火以熱相和，所以靠近。若情的性質不同，則會越遠。假如水冷而濕，火熱而乾，這兩者的性情不同，所以不會靠近。土火以乾來相和，極遠的土火雖有相和，但輕重差很多，所以權衡兩者之間，可以定四元素的秩序。他在這邊放入新的觀點，四元素會因爲性情接近而相和，相反而距離較遠，接著還有第三個說法：

> 三曰見試。蓋四行之序，目前易試也。火發爲焱，嘗有從下至上，尖殺之形，西曰火形，蓋不能安下而奮力以上，必向極高是也。氣偶入土水之中，不得其安而欲上行在土爲地震、爲山崩，在水爲漚、爲泡。試強一毬至水底忽然突出是也，水若騰在氣域必被強而不得安，迫強力已盡自復歸于本所。如成雨者，以太陽薰蒸地濕爲雲，雲稀屬氣，故輕而浮，雲密屬水，故重而墜，墜者復其本所也。土入水，必下至水底而後安。〔註21〕

〔註20〕清南懷仁著，《坤輿格致畧》，《法國國家圖書館明清天主教文獻5》，頁80。
〔註21〕清南懷仁著，《坤輿格致畧》，《法國國家圖書館明清天主教文獻5》，頁81。

第三方面為見試。以四元素的順序，是很容易試驗的。火燃燒為焱，它是從下到上，尖尖的形狀，西方說這是火形，所以不能在下方會奮力往上，越高越好。氣偶然進入土與水中，不得安其所，所以一直要往上，在土裡就會地震、山崩，在水裡會有泡跟漚，試著將一個球放到水底，它會浮上來的道理。水若在氣上方，會有其他方式歸回原本的位置，像下雨，是太陽照地上濕氣為雲，雲比較稀就是氣，所以輕而浮在空中，雲密就是水，所以比較重就往下墜落，會回到應該的位置。土入水，一定會沉到水底下而停止。他說四元素的規律與秩序都是可以試驗的，大自然的一切就是因為四元素的活動所形成的，最後南懷仁說：

> 夫四元行必圓，其理有二。一則宇宙之全正為一球，球以天與火氣水土五大體而成，天體既圓，則四元行之皆為形圓也，斷然矣。一則四行皆在月天之下，相切若有他形，則火形之上，或方或尖而不圓，必于月天之下，未能相切以致有空闕為物性所不容矣。四行之上，既圓則其下亦然，苟有他形，則周乎地者亦不圓矣，地既無不圓則其相連之水與氣亦無不圓，可知矣。蓋凡物必圓而後能存，如方易散而毀矣，以故非特天地與四元行皆圓，至於人物肢體及草木果實無不皆圓也，既如滴水而必成珠，此固物合以存不欲散而毀也。

〔註22〕

四元素的形狀一定是圓的，理由有兩個。一個是宇宙整體是個球，這個球是以天跟火氣水土五大體而形成的，天體既然是圓的，則四元素的形狀也就是圓的，這是必然的。另一個是四元素都在月天下方，若有其他形狀，則火形在上方，或尖或方而不圓，一定在月天下方，未能相切，以致於有空缺不被包容。四元素之上，既然圓形在下，怎麼會有其他的形狀，這樣地不會是圓的，地不圓則相連的水與氣都不會是圓的。大部份的東西都是圓的才能存在，而方形容易散掉而毀壞，所以不只是天地跟四元素是圓的，人物肢體跟草木果實都是圓的，如水滴一定成珠，所以東西不會散掉而毀壞。最後他提到，天地與四元素的形狀是圓體，延伸到天地萬物都是圓形才得以保存，方形易散。

南懷仁神父這邊說到整個宇宙是球形，四元素的形狀也是圓形，這與上述亞里斯多德在討論「天」時所說的內容有些類似，他認為「天」體為圓是，

─────────────

〔註22〕清南懷仁著，《坤輿格致畧》，《法國國家圖書館明清天主教文獻5》，頁81。

因為「本質」是圓的，是否這樣的「圓形」概念，是可追溯回亞里斯多德的時代？

　　南懷仁在這邊的四元素的論述，與利瑪竇相同，天地萬物都是四元素所生，更延伸出屬性相和與觀其形來試驗的內容，較利瑪竇的四元素說更為飽滿，使讀者更能了解四元素的重要與作用，唯一不同者為，宇宙萬物為四元素所生，但天主沒有出現在這裡，唯有單純的自然物質「四元素」。

　　「四元素」之後為輿圖的內容介紹，南懷仁對大地的書寫與利瑪竇的資料是一樣的，他說：

　　　……夫地與海本是圓形，合而為一球，居天球之中。誠如雞子，黃
　　　在青內。……又以地勢分輿地為五大州，曰歐邏巴、曰利未亞、曰
　　　亞細亞、曰南北亞墨利加、曰墨瓦蠟泥加。〔註23〕

地與海是為一體的，合成一個圓形，居處在天體的中央，就好像雞蛋，蛋黃在蛋白裡面。……又從地勢將整個大地分為五大州，分別為歐邏巴、利未亞、亞細亞、南北亞墨利加及墨瓦蠟泥加。南懷仁繼承了大地有五州的說法，地球是在天體之中，重要性並沒有越過天體。

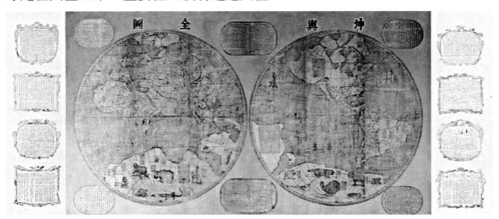

圖 30：《坤輿全圖》

源自：故宮 http://ingram029.myweb.hinet.net/ch/exhibits_Globetrotting.html

（三）神學不在的宇宙觀——蔣友仁《坤輿全圖》

　　時間進入乾隆朝，乾隆與他的祖父及父親一樣，很重視疆域的正確性，

〔註23〕清南懷仁著，《坤輿格致畧》，《法國國家圖書館明清天主教文獻 5》，頁 37。

所以又重新測量領土並繪製新的地圖。蔣友仁（Michel Benoist，西元 1715 年～1774 年）參與了這次重製國家地圖後，也把南懷仁所製作的《坤輿全圖》再重新刊刻。

他在地圖內放置很多當時較新的天文學知識，與以往看得到的知識都不一樣。另外，他沒在將「四元素」說置入，而新輿圖的名稱仍爲《坤輿全圖》。阮元將該圖的文字與地圖以外的圖示都摘錄出來，另外編輯成書，名爲《地球圖說》。

先說天文學，蔣友仁加入很多新的天文知識。在〈七曜序次〉一文裡，他先簡單介紹西方天文知識的四位大家，第一位是托勒密，文曰：

> 第一多祿歆，論地爲六合之中心，地周圍太陰水金太陽火木土及恒星各有本輪，俱爲實體，不相通而相切，本輪之外又有均輪，七政各行于均輪之界，而均輪之心又行于本輪之界，然此論不足以明七政運行之諸理，今人無從者。〔註24〕

他說托勒密以地球爲中心，而其他諸星各自有本輪，本輪之外又有均輪，這些行星都在均輪的地方運轉，均輪的中心有在本輪處運行，然而這個論點不能證明諸星運動的原理，所以現在沒有人跟從這說法。第二位介紹是第谷：

> 第二的谷，論地爲六合之中心，地周圍太陰、太陽及恒星，各有本輪，隨地旋轉，水金火木土五曜之本輪，則以太陽爲心，而本輪之上俱有均輪。〔註25〕

第二家是第谷學說，以地球爲中心，地球旁邊是月亮、太陽與其他恒星，它們是隨著地球旋轉的，而水金火木土等五星，是以太陽爲中心。第三位爲瑪爾象：

> 第三瑪爾象，論地爲六合之中心，不距本所而每日旋轉一周于南北兩極，地周圍太陰、太陽及恒星旋轉，太陽周圍，水金火木土之輪。
> 以上二家雖有可取，然皆不如歌白尼之密。〔註26〕

第三家是瑪爾象學說，也是以地球爲中心，每天旋轉一周，地球旁邊是月亮、太陽與恒星是隨著地球轉，而太陽周圍是水金火木土等星。以上所說的二家都有可取之處，但都沒有歌白尼學說來的細密。所以最後一位爲哥白尼：

〔註24〕清・蔣友仁著，《地球圖說》，《續修四庫全書》，頁 6。
〔註25〕清・蔣友仁著，《地球圖說》，《續修四庫全書》，頁 6。
〔註26〕清・蔣友仁著，《地球圖說》，《續修四庫全書》，頁 6。

> 第四歌白尼，置太陽于宇宙中心，太陽最近者水星，次金星次地次
> 火星次木星次土星，太陰之本輪繞地球，土星旁有五小星繞之，木
> 星旁有四小星繞之，各有本輪繞本星，而行距斯諸輪最遠者，乃爲
> 恒星天，常靜不動。〔註27〕

第四家是哥白尼學說，太陽是在宇宙的中心，離太陽最近者是水星，接著是
金星、地球、火星、木星、土星，月亮是繞著地球轉，土星旁邊有五個小行
星繞著它轉，木星旁邊是四個小行星繞著轉，離這些最遠的是恒星天，它常
靜不動。之後他接著討論到日食與月食的問題，其文爲〈交食〉：

> ……太陽太陰相會之時，太陰在太陽與地之間，若地與太陰與太陽
> 一線參直，地面上有月影之處，則見太陰掩蔽太陽之光是爲日食，
> 惟朔日太陰會太陽，故獨朔日有日食。若望時，地球在太陰與太陽
> 之間，人從地面視日月，相距百八十度，若太陽與地與太陰一線參
> 直，則太陰爲地影所蔽，不得受太陽之光，是爲月食。惟望日，太
> 陰與太陽正相對，故獨望日有月食。〔註28〕

太陽與月亮相會時，月亮在太陽與地球中間，若地球與月亮與太陽成一線，
地面上有月影的地方，則看到月亮遮蔽太陽光，這是日食。只有朔日月亮與
太陽交會，所以只有朔日時有日食。若望時，地球在月亮與太陽之間，人從
地面上看日月，相距一百八十度，若太陽與地求與月亮一直線，則月亮會被
地影所遮蔽，不能接受到太陽光，這是月食。只有望日，月亮與太陽正對著，
所以只有望日才有月食。再來，他加入一些關於太陽的發現，〈太陽〉的內文
這樣寫到：

> 太陽之光雖大，其面上每有黑點，或一或二或三四不定，其點初小，
> 漸長然後漸消，以至于盡。黑點或多且大，則能減太陽之光，此點
> 特在太陽之面，究不審其何物，然視其自此往彼每以二十五日半復
> 歸于原所，則知太陽二十五日半旋轉于本心一周。〔註29〕

太陽光雖大，它的表面上有黑點，點數不定，剛開始很小，慢慢變大，慢慢
消失。黑點多且大，則可以減少太陽光，這些點只在太陽面上，無法研究是
何物，而看它每二十五日半就會恢復，就可以知道太陽每二十五日半旋轉本

〔註27〕清・蔣友仁著，《地球圖說》，《續修四庫全書》，頁7。
〔註28〕清・蔣友仁著，《地球圖說》，《續修四庫全書》，頁11。
〔註29〕清・蔣友仁著，《地球圖說》，《續修四庫全書》，頁11。

心一周。之後他談到關於月亮表面陰影的一些事情，〈太陰〉：

> 太陰及五星之體皆無光，借太陽之光以爲光。若以望遠鏡望太陰之面則見其黑暗之處，似山林湖海及地面上所有之物，太陽之光照太陰之面，其點皆生黑影于太陽正對處，測其所生之影，則知太陰面上之山高過于地面上之山也。〔註30〕

月亮跟五星本體都是不會發光的，是借太陽光來發光。若以望遠鏡看月亮可以看到黑暗的地方，好像有山林湖海及地面上的東西，太陽光照到月亮的地方都生黑影於太陽正對的地方，測量這些影子，可以知道月亮上的山高過地面上的山。最後，他討論到五星也是有朔望的事，〈五星〉：

> 水金火木土之體與地球相似，其向日之半球恒明，背日之半球恒暗。金水二星，自地視之，有朔望上下兩弦，順合如月之望，退合如月之朔，東西大距如月之上下弦，但人以目視之不覺其變，若以望遠鏡之，可得金星朔望兩弦之象，惟水星距太陽最近，其體又微小，故難以分耳。土木火三星自地常視其光面，獨火星距日九十度之時，自地視其光面稍背似月望，前後兩日，因火星距地近故也。〔註31〕

水金火木土星與地球相似，面向太陽的那半球是光明的，背對太陽那面是黑暗的。金星與水星從地球看過去，有朔望跟上下弦，順合就像月亮的望日，退合就是月亮的朔日，東西的距離就像月亮的上下弦。但人用眼睛觀看不覺得有變化，若以望遠鏡觀察就可以知道金星朔望兩弦的現象，只有水星距離太陽最近，它的體型較小，所以難以分辨。土木火三星從地球看它們發光面，只有火星距離太陽九十度時，從地球看它發光面稍微像月亮望日前後兩天，因爲火星距離地球較近的原因。

　　天文相關的知識介紹完之後，蔣友仁就接著說明地圖與地理相關的內容，其文〈坤輿全圖說〉的內容是如此說：

> 天體渾圓，地居天中，其體亦渾圓也。〔註32〕

天體是圓的，地球在天體的中央，它也是圓的。他沒有用「誠如雞子，黃在青內」的說法，而是直接說天是圓的，所以地也是圓的，而地球是位在天的中央，

〔註30〕清・蔣友仁著，《地球圖說》，《續修四庫全書》，頁11。
〔註31〕清・蔣友仁著，《地球圖說》，《續修四庫全書》，頁12。
〔註32〕清・蔣友仁著，《地球圖說》，《續修四庫全書》，頁3。

這一點是沒變的。對於大地的州數，他在〈四大州〉一文有不同的看法：

> 天下萬國，總分四大州，曰亞西亞，曰歐邏巴，曰利未亞，三州俱
> 于東半球容之。弟四大州曰南北亞墨利加，于西半球容之。〔註33〕

天下總共分為四大州，分別爲亞西亞、歐邏巴、利未亞，這三大州位於東半
球。第四大州爲南北亞墨利加，位於西半球。他並沒有將墨瓦臘尼加放進來，
也代表這塊土地沒有那麼多人去探索，所以當時的學者對它還有些不確定的
態度。

　　蔣友仁所繪製的《坤輿全圖》，可以從他放置的內容看出，天文與地理相
關的內容沒有天主的存在，而且使用許久的「四元素」說也沒再出現，這些
知識就只是純粹的科學發展與發現，配合著新的科學儀器的使用才出現的。

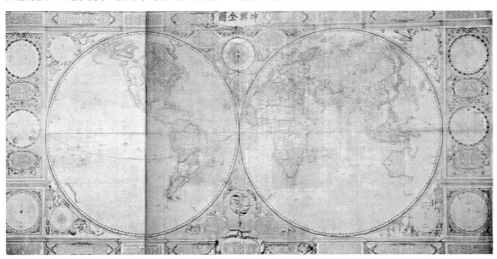

圖 31：《坤輿全圖》

　　從利瑪竇在輿圖裡所展現的世界：地球是圓的並位在天體中央，是因爲
天體是圓的加上「四元素」中的土因特性關係位在最下方，「九重天」與地球
的連接除了天主創作萬物外，便是天地萬物都是由「四元素」所組成。這樣
的宇宙觀，可以上溯至亞里斯多德，所主張的多層且封閉天體，充斥著四元
素與以太，到了聖多瑪斯，在此基礎上加入了基督教義，天體的存在與天堂
的位置，某程度是相同的。所以，利神父所繪製的地圖，就放置了這些內容，
意圖讓士大夫對天主感興趣。

〔註33〕清‧蔣友仁著，《地球圖說》，《續修四庫全書》，頁 4。

接續的南懷仁，他繼承了利瑪竇的一些說法，天地都為圓體，「四元素」的內容更是詳細，只是天主在這邊已經沒有出現了，似乎回到亞里斯多德的時代，「四元素」代表世界萬物的形成。

最後的蔣友仁，在論述天文與地理知識時，他不說天主創造萬物，也不提世界是由「四元素」所組成，單純就新的科學儀器所研究與觀察到的新知，加以闡述出來，這是新的宇宙觀的形成。

從利瑪竇到蔣友仁，他們所繪製的輿圖，不只是單純將西式地圖介紹給士大夫觀看，而是在展現他們當時自身的宇宙觀，以天文知識為主，地理知識為輔的方式呈現，如利神父的是以天主為根本，南懷仁是以「四元素」為主，蔣友仁則是以新科學儀器的知識為主。這些輿圖，是呈現天與地的最佳載體。

第二節　「世界觀」的閱讀方式

中國在經過千年的發展，認為自己是世界上最重要也是最有文化的國家，所以對於「世界地圖」的繪製，從不曾斷絕過，只是從「禹跡圖」（圖32）開始的地圖，一直到傳教士帶來西式地圖前，所繪製的地圖。中國就佔了版面的大部份，代表這個國家的優越性，傳教士對這種「世界地圖」感到疑惑，所以在《札記》裡就反應這種想法：

> ……他們確乎也有與這幅相類似的地圖，據說是表示整個世界，但他們的世界僅限于他們的十五個省，在它四周所繪出的海中，他們放置上幾座小島，取的是他們所曾聽說的各個國家的名字。所有這些島嶼都加在一起還不如一個最小的中國省大。因為知識有限，所以他們把自己的國家誇耀成整個世界，並把它叫做天下，意思是天底下的一切，也就不足為奇了。〔註34〕

傳教士認為是中國人的知識不足，才認為自己的國家就是世界最重要的組成，所以他們才藉由不同的「世界地圖」來吸引士大夫們的注意力，希望從「地圖」開始讓中國人能對天主有所了解並接受祂。

〔註34〕明利瑪竇、金尼閣著，何高濟、王遵仲、李申譯，《利瑪竇中國札記》，頁179。

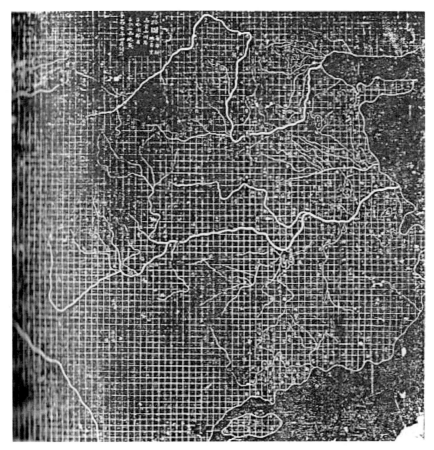

圖 32：《禹跡圖》（源自《中國古代的地圖測繪》）

　　所以，當利瑪竇將《坤輿萬國全圖》繪製出來時，激起許多士大夫的討論與研究。因為此圖與傳統的地圖完全不同，中國只是這世界組成的一部份，它並不是最重要的也不是唯一有文化的。利神父在〈序〉文就說到，他為什麼要製作地圖：

> ……所以貴有圖史，史記之圖傳之，四方之士所能睹見，古人載而後人觀，坐而可減愚增智焉。大哉，圖史之功乎！敝國雖褊而恒重信史，喜聞各方之風俗與其名勝，故非惟本國詳載，又有天下列國通誌，以至九重天、萬國全圖，無不備者。〔註35〕

最可貴的是有圖史的記錄方式，史記因為有圖流傳，四方人士都能看見，古人記載的道理，後人可以知道，坐著就可以增加智慧。這都是圖史的功勞。

〔註35〕黃時鑒、龔纓晏著，《利瑪竇世界地圖研究》，頁167。

我國雖小但也注重信史，喜歡紀錄各方的風俗與名勝，所以有很多內容不是我國記載的，又因爲有天下各國的通誌，所以九重天跟萬國全圖都是完備的。

因爲這樣的世界觀呈現，所以觀圖的士大夫隱隱分爲兩種，一種是覺得傳教士所說的東西言之有理，願意接近並了解它，另一種則基於華夏數千年的文化傳承，書籍不可能沒記載傳教士說的內容，所以他們是胡說八道的。

在第二章有提到，徐光啓與李之藻他們第一次接觸傳教士的作品，就是利瑪竇所繪製的地圖，他們讚嘆不已，就經常的與傳教士往來並學習這些不一樣的知識。我們可以從利神父的《坤輿萬國全圖》裡，士大夫爲該圖所撰的文，可以了解這些文人對於地圖的渴求。

先前就有提到，李我存年青時就想要做一幅全中國的地圖，因爲利神父的西氏地圖，讓他覺得自己的學識不足，認眞的跟神父們請教這些學問，而他爲該圖所做的〈序〉文，就說到在此之前的地圖都不甚理想的狀況：

> 輿地舊無善版。近《廣輿圖》之刻本，唐賈南皮畫寸分里之法，稍似
> 縝密。然取統志省志諸書詳爲校戡，所載四履遠近亦復有漏。〔註36〕

他直接說，以前的地圖沒有完善的，只有《廣輿圖》稍微縝密一點，但是取地理志的各種書籍來對照，所載的四邊領土是有疏失的。看的出李之藻對歷代的輿圖沒有一個滿意的，接著他又說：

> 彼國歐邏巴原有鏤版法，以南北極爲經，赤道爲緯，周天經緯捷作三
> 百六十度，而地應之。每地一度定爲二百五十里，與唐書所稱三百五
> 十一里八十步而差一度者相彷彿，而取里則古今遠近稍異云。其南北
> 則徵之極星，其東西則算之日月衝食，種種皆千古未發之秘。所言地
> 是圓形，蓋蔡邕釋《周髀》已有天地各中高外下之說，《渾天儀注》亦
> 言地如雞子，中黃孤居天內。其言各處晝夜長短不同，則元人測景二
> 十七所，亦已明載。惟謂海水附地共作圓形，而周圓俱有生齒，頗爲
> 創聞可駭。要子六合之內，論而不議，理苟可據，何妨求野。〔註37〕

歐邏巴原來就有鏤版法，以南北極爲經，以赤道爲緯，周天經緯爲三百六十度，而地上與天上相對應。南北驗證的極星與東西算出的日月交食，都是千古以來未知的事情。所說地是圓的，《周髀》跟《渾天儀注》都說的很清楚了，而各處晝夜長短都不同，元代就有人測驗與記錄二十七個地方。只有海水與

〔註36〕黃時鑒、龔纓晏著，《利瑪竇世界地圖研究》，頁 168。
〔註37〕黃時鑒、龔纓晏著，《利瑪竇世界地圖研究》，頁 168。

地共為圓形，而四周都有人居住，這頗為嚇人的。在這天下，討論的事還沒
確定，道理也有根據，可以從其他地方來找尋答案。李之藻對於傳教士所說
的知識，只要有根據的內容，是可以接受的，不一定是要來自經典古籍或傳
統，所以他說「何妨求野」。

地圖一刊出，就大受歡迎，所以李應試就請利瑪竇再繪製一幅，此圖命
名為《兩儀玄覽圖》，而他為該圖所撰的序文寫到：

> 無論國朝兩百餘年，即三代以繼今之父老，蔑聞歐羅巴何，亦蔑聞地
> 球何。往哲以雞卵喻兩儀，所憾言而未盡。逮西方人自歐羅巴浮桴八
> 萬里，以其國人數千年涉歷大地圖說，為中土先達，厥績偉歟。〔註38〕

開國以來兩百多年，哪聽過歐羅巴，哪聽過地球。先賢用雞卵來譬喻天與地，
可惜沒說的很詳盡，等到西方人從歐羅巴漂洋過海來到中國，他們國家的人
數千年以來周遊大地的地圖，是中土的前輩。而馮應京在〈序〉中則說：

> 西泰子輿圖，凡三授梓，遞增國土，而茲刻最後，乃最詳。大都以
> 天度定輪廣，以日行別寒燠，以五大州辨疆界，物產、民風之瓌奇
> 附焉。〔註39〕

傳教士的輿圖經過三次修改，增加國土，最後一個版是最為詳細的。以天的
度數來定輪廣，以太陽運行的方式區別寒暑，以五大州來辨別疆域，物產與
民風珍奇之處都附在上面。

徐光啟則是為「地圓」另外撰文做解釋，文曰：

> 西泰子之言天地圓體也，猶為二五之為十也。地形之圓乃歐邏巴諸
> 儒千年定論非實創為是說。或疑焉，作正戲別三論解之。正論曰，
> 古法北極出地三十六度，此自中州言耳。唐人云，南北相去每三百
> 五十一里八十步而差一度。宋人云，自交南至於岳臺六千里而差十
> 五度，此定說也。夫地果平者，即南北相去百億萬里，其北極出地
> 之度宜恒為三十六，不能差毫末也。猶山高千尺以周髀量之，自此
> 山之下稍移之平地數十里，外宜恒為千尺不能差毫末也。以郭若思
> 之精辨南北測驗二萬里，北極之差至五十度而不悟地為平體，移量

〔註38〕黃時鑒、龔纓晏著，《利瑪竇世界地圖研究》，（上海：上海古籍出版社，2004
年），頁171。

〔註39〕黃時鑒、龔纓晏著，《利瑪竇世界地圖研究》，（上海：上海古籍出版社，2004
年），頁171。

北極之不能差毫末何也，又因而抑扎馬魯丁使其術不顯何也。戲論
曰嵩高之下北極出地三十六度，自此以北每三百五十一里八十步而
差一度，則嵩高之北一萬八千九百六十六里，正當北極之下矣，近
世渾天之說明即天爲圓體無疑也。〔註40〕

傳教士說天地都是圓體，就像二五得十一樣，是定論。地爲圓體是歐邏巴人
千年定論不是利瑪竇創的。或許還有疑問，分別以正論、戲論與別論來解釋。
正論爲，古法說北極出地三十六度，這是出自中州的說法。唐人說，南北相
距每三百五十一里又八十步而差一度。宋人說，從交南到岳臺六千里差十五
度，這是定說。若地眞的是平的，即南北相距百億萬里，其北極出地的度數
一直是要三十六度，不能有差分毫。就好像山高度千尺用周髀的方法量，從
山下稍微移到平地數十里，也是一直爲千尺高不能差分毫。以郭若思精算南
北二萬里，北極差了五十度而不明白地是平的，移量北極不能差分毫是爲何，
又或者是扎馬魯丁的能力不顯著嗎。戲論說嵩高之下北極出地三十六度，自
此往北每三百五十一里又八十步差一度，而嵩高之北一萬八千九百六十六
里，剛好在北極，近世的渾天說明天是圓體沒有錯誤。他先解釋天體爲圓的
內容，接著才是地圓的說明，文云：

夫天爲圓體，地能爲平體，北極又能爲遞差，則以周髀計之北極之
下，自天至地繞一萬三千八百二十九里而已，次以弧矢截圓法計之，
則北極之下更北行四千四百七十六里有奇，而天與地俱盡也；合計
之，即自嵩高以北二萬三千四百四十里有奇，而地與天俱盡也；倍
之，則東西廣南北袤，各四萬六千八百八十五里有奇，而地與天俱
盡也。此三者，以爲可不可也。別論曰，揚子雲主蓋天，桓君山詘
之是也。然蓋天能知地平，則北極不能爲差，故云，北極之下高於
中國六萬里，但知其說者又不能爲圓天，爲圓天則高於中國六萬里
之處，既與天相及矣，故曰，天之北極高於四周亦六萬里，斜倚之
令天與地不相及也，若言圓天而不言圓地，政不足以服周髀。〔註41〕

天爲圓體，地能爲平體，北極又能爲遞差，則用周髀的計算方式來算北極以
下，自天到地才一萬三千八百二十九里而已，又以弧矢截圓方法計算，則北
極以下往更北移動四千四百七十六里有餘，而天與地是一樣的；合計它們，

〔註40〕明・利瑪竇著，《乾坤體義》，《景印文淵閣四庫全書》，頁 777。
〔註41〕明・利瑪竇著，《乾坤體義》，《景印文淵閣四庫全書》，頁 777。

即從嵩高以北二萬三千四百四十里有餘，而天與地是一樣的；增加它們，則東西寬南北長，各四萬六千八百八十五里有餘，而天與地是一樣的，這三者，以爲肯不肯定。別論曰，揚子雲主張蓋天說，桓君山則貶斥這說法，若蓋天能知道地是平的，則北極不能有差毫，所以說北極之下高於中國六萬里，但知道這說法的人又不認同天圓，因爲圓天則高於中國六萬里的地方與天相與的，所以說天的北極高於四周六萬里，傾斜使天與地不相與，若說天圓而不說地圓，則不足以與周髀相同。徐光啓以三個面向來說明「地圓」這件事，從舊有的說法講起，不讓士大夫認爲「地圓」是外來的說法。

上述幾位士大夫，只是爲《坤輿萬國全圖》撰文作序的文人的其中一部份，從他們所書寫的內容就可以知道，他們從這個地圖看到不同的世界，還有不一樣的知識內容，這些東西，都是他們希望能學習並且讓中國傳統既有的知識，更加完善，所以李之藻才會率先說出「何妨求野」的論述。

（一）對於「西式地學」的接近與疑惑——「求諸野」的想法

王圻在其編《三才圖會》時，也將利瑪竇的世界地圖放在地理卷中，名爲《山海輿地全圖》（圖 33），從這個小小的地圖，可以知道是利神父在重新刊刻新地圖前的版本，因爲他曾說「歎前刻之隘狹，未盡西來原圖什一〔註42〕」，王圻所編撰的文字是如此介紹該圖：

> 地與海本是圓形，而全爲一球，居天之中，如雞子黃在青內，有謂地爲方者，乃語其定而不移之性，非語其形體也。天既包地，則彼此相應，故天有南北二極，地亦有之；天分三百六十度，地亦同。……予自太西浮海入中國，至畫夜平線已見南北二極，皆在平地畧無高低，道轉而南，過大浪山已見南極出地三十二度，則大浪山與中國上下相爲對待矣。……又以地勢分輿地爲六大州，曰歐邏巴、曰利未亞、曰亞細亞、曰北亞墨利加、曰南亞墨利加、曰墨瓦臘泥加。〔註43〕

這段文字應是從利瑪竇所做地圖摘錄下來的，「予自太西浮海入中國」，王圻在抄錄文字時並沒有將這段修改過，所以可以知道他是直接將利神父所撰寫的資料搬移到《三才圖會上》。雖是抄自利神父的文章，但王圻並非單純抄錄，

〔註42〕黃時鑒、龔纓晏著，《利瑪竇世界地圖研究》，頁 167。
〔註43〕明王圻、王思義編集，《三才圖會》，（上海：上海古籍出版社，1995 年），頁92。

而是已經過思考過後的文字，他將大地分爲「六大州」，把南北美州拆開，各自獨立爲一州，而所附的輿圖內所載之文字爲「內一圈地球，分天地五州區境之暑。」，顯示地圖作者是將大地分爲「五大州」的，而王圻卻不這樣認爲，所以改成「六大州」。

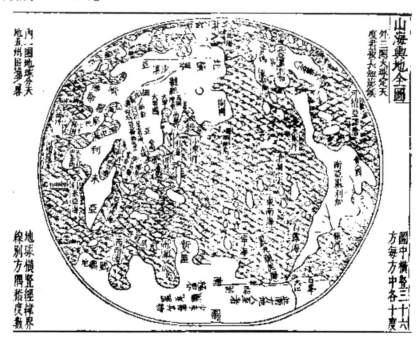

圖 33：《三才圖會》中的〈山海輿地全圖〉

馮應京所編輯《月令廣義》中，放入的地圖爲《山海輿地全圖》（圖 34），他沒有對該圖做任何說明或想法，反而是放入吳中明所寫的內容，文曰：

> 鄒子稱中國外如中國者九，禆海環之，其語似閎大不經。世傳崑崙山東南一枝入中國，故水皆東流，而西北一枝仍居其半，辛亦莫能明其境。夫地廣且大矣，然有形必有盡，而齊州之見，東南不踰海，西不踰崑崙，北不踰沙漠，於以窮天地之際，不亦難乎。囿于所見或意之爲小，放浪於所不見，或意之爲大，意之類皆妄也。利山人自歐邏巴入中國，著山海輿地全圖，蓋其國人及佛郎機國人皆好遠遊，然如南極一帶亦未有至者，要以三隅推之理當如是。山人冥修敬天，所著天日月星遠大之數，或自有據併載之。〔註44〕

〔註44〕明‧馮應京輯，明‧戴任憎釋，《月令廣義》，《四庫全書存目叢書》，頁 543。

鄒衍稱中國之外像中國的國家有九個，被小海環繞著，這個說法好像不合常理。世傳崑崙山東南一脈進入中國，所以水皆向東流，而西北那一脈有一半還是不了解它的狀況。地大且廣，有形體就有全部，從齊州看，東南方沒有超過海，西方沒有超過崑崙山，北邊沒有超過沙漠，所以要了解天地的狀況是很容易的。局限於所看到的與所了解的事情太少了，對於看不到或不了解的事都說事妄語。利山人自歐邏巴來到中國，著作山海輿地全圖，因為他的國人與佛郎機國人都喜歡遠遊，像南極一帶就還未有人到，以其他三個地方來推理應該也是如此，山人冥修敬天，所寫的日月星的內容，或許有根據才放在裡面的。

　　吳中明所撰的文與他為《坤輿萬國全圖》所寫的〈序〉接近一模一樣，若從利瑪竇在《坤輿萬國全圖》中所作的〈序〉內容來看，放在馮應京書裡的這段文字是比萬曆三十年（西元 1602 年）寫的文章來得更早：

　　　　……庚子至白下，蒙左海吳先生之教，再為修訂。〔註45〕

那時為萬曆二十八年（西元 1600 年），吳中明已經先為《山海輿地全圖》撰文過，卻只在馮應京的著作裡留存。

圖 34：《月令廣義》中的〈山海輿地全圖〉

〔註45〕黃時鑒、龔纓晏著，《利瑪竇世界地圖研究》，頁 167。

　　章潢在他所編撰的《圖書編》裡，對西式地學的知識，開了幾個章節來討論它們，先是〈輿地山海全圖敘〉，文曰：

> 嘗聞陸象山先生悟學有云，原來只是箇無窮。今即輿地一端言之，自中國以達四海，固見地之無窮盡矣，然自中國及小西洋道途二萬餘里使地止于茲，謂之有窮盡可也。若由小西洋以達大西洋，尚隔四萬里餘，矧自大西洋以達極西，不知可以里計者，又當何如謂之無窮盡也。非歟。此圖亦自大西洋以至廣東其海上，程途可以里計者如此，故并後小西洋圖存之以備考云。〔註46〕

曾經聽過陸象山悟學有說過，原來是無窮。今天輿地有一方說，從中國到達四方大海，看見的大地是無窮盡的，但從中國與小西洋的路途大約兩萬多里，也可以說是有窮盡的。若從小西洋要到大西洋還有四萬多里，且自大西洋到達最西邊，不知道還有幾里，又怎麼說是無窮盡。不是這樣的，這圖也是從大西洋到廣東外面的海上，路途是可以計算的，所以把小西洋圖并在後面以備考察。他說從地圖可以看出大地是有窮盡的，而且大西洋到中國的路途是可以計算的，所以接在此文後面的是〈地球圖說〉，文云：

> 地與海本圓形，而全為一球，居天之中，誠如雞子，黃在青內，有謂地為方者，乃語其定而不移之性，非語其形體也。……且予自大西浮海入中國轉南過大浪山，已見南極高三十六度，則大浪山與中國豈不相為對待乎。故謂地形圓，而週圍皆生齒者，信然矣。茲以普天下輿地分五州，曰上下亞墨利加，曰墨瓦蠟泥加，曰亞細亞者，利未亞曰泥邏河。其各州之國繁顆難悉，大約皆百以上，此圖本宜作圓球，以其入冊籍，不得不析圓為平，其經緯線畫每十度為一方，以分置各國，于其所東西線數自中國起，南北線數自福島起也。此圖即太西所畫，彼謂皆其所親歷者，且謂地象圓球，是或一道也。〔註47〕

章潢是將利瑪竇〈天地渾儀說〉的內容做刪減而放到書裡，但內容還是略有不同，雖然他還是講五大州，但並未把五大州完全書寫，「歐邏巴」未放入，而且還多出一個不曾見過的資料「利未亞曰泥邏河」，這個說法應該不是來自利神父所著的書籍，不知道章潢此條資料從哪個傳教士所得知。最後他說，

〔註46〕明・章潢著，《圖書編》，（台北：成文出版社，1971年），頁4011。
〔註47〕明・章潢著，《圖書編》，頁4014。

這地圖是泰西人所畫的，是親身經歷，所以說地球爲圓的，或許也是個道理。
隨後，接續的文爲〈輿地圓圖考〉，文曰：

> ……蓋天圓地亦圓，與舊所記載相反，且非足跡所及，若未可確信，
> 然以理楑之，却不相背馳，況本天之圓，以定日月星宿之行度，故
> 時令不爽，茲據此，圓象準地面各方相距近遠以定日晷，亦節令時
> 刻不差，則其度數皆可槃見叅之。先儒謂天如雞子，青地如雞子黃
> 理則同也。故併錄之亦可以廣見聞之一端，矧戴天履地敢不究心乎
> 哉。〔註48〕

所謂天是圓的地也是圓的，這與以前所記載的內容相反，而且不是能到達的
地方，若是不能確信的，但用道理揣測卻不相違背，而且天本來就是圓的，
用以定立日月諸星的度數，所以時令都不同，根據這樣，地面各方距離遠近
來定立日晷，節令與時刻沒有差錯，其度數都可以看見與參考的。以前的儒
者說天像雞子。所以一併放在裡面也可以增廣見聞，生活在這天地間怎麼能
不探查呢？之後章潢又對「地圓」闡述一些內容，他說：

> 問天圓地亦圓，子何所據而信之乎，曰予信乎理耳。彼地勢平面，
> 山崇水低，人止見其層積平陂之稍殊耳。茲以吾江右一方水勢觀之，
> 自大庾嶺至江州，相去幾二千里，設地平如砥，則水即四泛不下流
> 矣。……固可類推則即東海類觀四海卑高懸絕皆可因水比知地
> 也。……故曰吾惟信乎理而已。〔註49〕

有人問天圓地也是圓的，是根據什麼而相信它的，我回答我相信事物的規律
而已。地的形狀爲平面，山高水低，人們只看到層積平坡稍微特殊而已。我
在江右看水勢，從大庾嶺到江州，相差兩千里，假設地平的像磨刀石一樣，
那水只會往四方流不會往下流。……所以可以類推，四海高低懸斷都可以因
爲水來知道地。……所以我才說只相信事物的規律。

　　從章潢所編寫的這些內容，可以大概知道他對「地圓」說是可以理解的，
用水流的方向來當佐證，而「五大州」則只是當成資料在編輯而已，並沒有
太深刻的感受，否則「利未亞曰泥邏河」應該會再進一步解釋，如「地圓」
他也用自身能理解的事物加以說明。

〔註48〕　明・章潢著，《圖書編》，頁4016。
〔註49〕　明・章潢著，《圖書編》，頁4022。

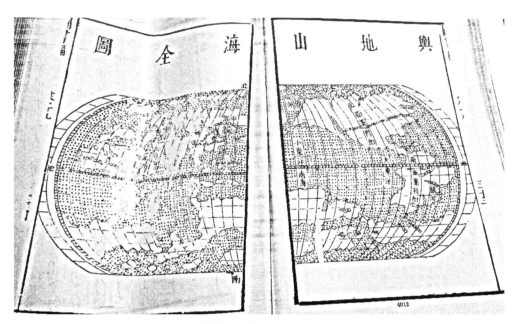

圖 35：《圖書編》中的〈輿地山海全圖〉

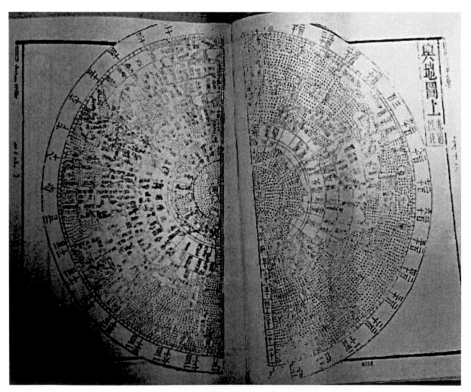

圖 36：《圖書編》中的〈輿地圖上〉

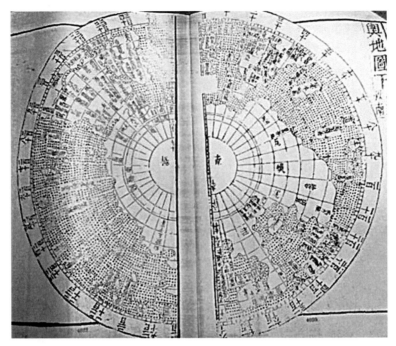

圖 37：《圖書編》中的〈輿地圖下〉

　　熊明遇在所著的《綠雪樓集》中也大量的放入傳教士所傳授的知識，新的地理學當然也包含在其中，先是討論地圓的〈圓地總無罅礙〉（圖 38）：

> 地形既圓，水抱地，氣抱水，火抱氣，與星月諸天層層相抱，必渾
> 爲圓，不然則重重相接之間，容有虛罅，豈理也哉。雖無虛罅卻無
> 窒礙，航海者如循環。然人第見水之東流不曰地平，則曰地爲東下，
> 此就一隅着眼耳，若將山河海陸渾作一丸，而看隨人所戴履，處處
> 是高四面，處處是下，所謂天地無處，非中也。圓地水多陸少，南
> 北極爲經線，赤道爲緯線，畫則測日，夜則測星，二線高下距近之
> 間，即見圓地，可航而歷。〔註50〕

地形是圓的，水抱地，氣抱水，火抱氣，與諸星辰層層相，一定是圓的，不然層與層之間一定會有縫隙，雖然沒有縫隙也沒有阻礙，航海的人就像循環一樣。人看見水往東邊流，不說地是平的而說東邊比較低，這是從一個地方看，若是將山河海陸作成一圓體，隨著人生活的地方，處處都高於其他地方，處處都是下方，所謂天地沒有固定的地方，是不當的。圓地水多陸地少，南

北極爲經線，赤道作緯線，白天觀察太陽，晚上測量星辰，兩線高低遠近的中間，可以看見圓地，所以可以航行遊歷。熊明遇說天地之間沒有空隙也沒有阻礙，因爲地是圓的，所以可以航行遊歷，接著他又說因爲地圓的，所以方位是因爲人所處的地方而定出來的，〈圓地總無方隅〉（圖 39）文云：

> 地球在天中，圓如彈丸，海水附土，爲氣所裹，皆是圓形。圓則無
> 隅無方，東極成西，南觀成北，如泛海者，二舶俱從大洋一處開，
> 岸一舶往東，一舶往西，俱可至中國，元往東者從西面到，元往西
> 者從東面到，理勢不得不，然若日月之行，則處處東升西沉，又無
> 西極成東之理。蓋東西者，人從地面上看足所分之方隅，而函蓋渾
> 然總無方隅也。〔註 51〕

地球在天的中間，圓的好像丸彈一樣，海水附在大地上，被氣裹著，都是圓形的。圓就沒有確切的位置，東方可以變成西方，南方可以看成北方，就好像在海上航行的人，兩艘船都從大洋往外開，一艘向東，一艘向西，都可以到達中國，原本從東邊出發的就由西邊到，原本從西邊出發的就從東邊抵達，這道理是確定的。而日月的運行，每個地方都是東方升起西邊落下，又沒有西邊看成東邊的道理。所謂東方與西方，是人站在地面上所分辨出來的方位，而渾圓是沒有方位的。熊明遇說因爲地球是圓的，所以方位是人所處位置定出來的，並沒有眞正的方位。而這兩則的立論都是將「地圓」當成定論，不容置疑的。

之後，他爲熊三拔的《表度說》做其〈序〉，就說到這些地理知識在典籍中就有載到，只是散佚了，文曰：

> ……熊子曰，古神聖蚤有言之者，岐伯曰，地在天中，大氣舉之。……
> 惟黎亂□燔，莊荒列寓，疇人耳食，學者臆摩，□義永晦，若夫竺
> 乾佛氏，唱爲須彌隱日，大寶縮川，忉利天宮，金繩地界，其誕愈
> 甚，語曰百聞不如一見。西域歐邏巴國人，四泛大海，周遭地輪，
> 上窺玄象，下採風謠，彙合成書，確然理解。仲尼問官于剡子，曰
> 天下失官，學在四夷，其語猶信。〔註 52〕

古時的先賢就有人說過，岐伯說地在天中間，大氣舉著它。……只是經過黎亂後，疇人沒有根據，學者自己揣摩，佛教說須彌山能遮住太陽，天的最上層是忉利天宮，怪誕的話說很多，說百聞不如一見。西方歐邏巴人，四處遊

〔註 51〕 明・熊明遇著，《綠雪樓集》，《四庫禁燬書叢刊》，頁 126。
〔註 52〕 明・熊三拔著，《表度說》，《景印文淵閣四庫全書》，頁 2528。

歷，上查天文，下採風俗，匯集成冊。孔子問官於剡子，天下失去官名，可學習四方的蠻夷，他們說的話是可以相信的。熊明遇接受這些西方地理新知，之後從古籍找尋答案，經過戰亂古聖先賢說的話都不見了，其他民族可能保留這些資料，而歐邏巴人所說的就是屬於這樣的事情。

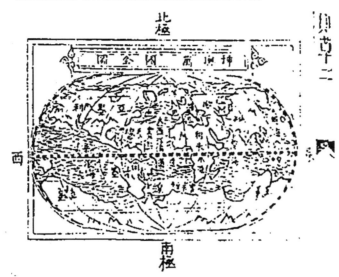

圖 38：《綠雪樓集》中的〈圓地總無罅礙〉

圖 39：《綠雪樓集》中的〈圓地總無方隅〉

而方孔炤在其著作《周易時論合編》裡，說道《崇禎曆書》就是「求諸野」的成果，西方地理知識並非西方獨有的，是遠古東方遺失的，經由傳教士再傳回來，其書曰：

> ……萬曆中有歐邏巴人利瑪竇，浮海歷諸國而至，其國重天學，所云靜天即於穆之理也。九重天包地球，如脬氣鼓豆，其質測也。子曰天子失官，學在四夷，猶信禮失而求諸野，不亦可當也乎。天啓辛酉壬戌間，歲差議起，徐玄扈請設專局，集成崇禎曆書，其法綮可互明，而研極者觀此引觸，可以闡明至理，微建開成。夫天九重，地如球，自黃帝素問、周公周髀、邵子朱子、沈存中、吳幼清皆明地為浮空不墜之形，大氣舉之。則其言皆中國先聖先賢所已言者，有開先後來加詳□綴線筭，不出句股，特少張衡祖沖之輩之殫精耳。
>
> 崇禎曆書，微攷近核，故約其綮，以便觀察。〔註53〕

萬曆年間利瑪竇在海上遊歷數國才到中國，他的國家注重天學，所說的靜天是深遠幽微的道理。九重天包裹地球，就好像脬氣鼓豆一樣，它的根本是可以測量出來的。孔子說天子失官所以要向四方的人學習，禮失去了而求助其他族群。天啓年間歲差的問題引起討論，徐光啓請設專局編製崇禎曆書，裡面的道理可以相互了解。天九重而地像球，從黃帝素問、周公周髀到吳幼清都知道地是浮在空中不會墜落的形體，大氣舉起地，這些言論中國的古聖先賢就已經說過了，只是缺少像張衡祖沖之這樣的人竭盡心力去了解。方孔炤認為這些學問中國的先賢已經說過，只是缺少精於數術的人研究它，所以才會從西方傳到中國，「崇禎曆書」即為「求諸野」的成果。

當士大夫與傳教士密切的交往後，他們認為神父所學的知識有很多都能幫到這個國家，不管是「補儒易佛」，或是修改曆書等事，所以有一些士大夫就提出「何妨求野」或「求諸野」，但這個概念所隱藏的意含是，這些知識全都是中國曾經擁有的，只是遭秦火或其他的動亂才亡佚，現在是「西儒」再把這些知識補充回來而已。

（二）重新檢視「西式地理學」

其實上述的士大夫著作，放置的西式地學，「看似」好像照本宣科的抄錄

〔註53〕明方孔炤著，《周易時論合編》，《四庫全書存目叢書》，頁273。

傳教士的資料，但是仔細的觀察，他們或多或少都對內文有所變動的，甚至以自己能理解的方式來紀錄這些知識。

　　所以，接觸這些西方知識的文人，其實都帶著檢視的心態在觀看這些內容，而接下來這位士大夫，不管在天文學或是地理學，都用他能做到的實驗方式來驗證傳教士所說的一切，他就是揭暄。因為他對所接觸的新知識，全都親自實驗過，所以對西方資料自有一套見解，如他討論「五大州」時，他雖然延續將大地分為五份，但並非是以「地勢」區分，而有其他的分別方式，另外，他也嘗試繪製出世界地圖。揭暄先討論「地心」，〈天地懸處〉文曰：

> 天體渾圓，中心一丸骨子是也。天以剛風一日滾轉一週，以運包此地，地一圓形，虛浮適天之最中，非有倚也。所倚者，周圍上下惟氣耳。按西氏主制羣徵用豬脬踩薄置小圓於內，以虛實而轉之圓物，即懸處於中，屹然不動，不少偏倚，可知蛋白蛋黃之喻，徒得其形耳。上古聖人存而不論，論而不議，後世則愈測愈精。〔註54〕

天體渾圓，中心是一個圓體。天以剛風轉繞一週，包裹住地，地是圓形的，浮在天體的最中央，沒有任何倚靠的東西。所倚靠的四周上下只有氣而已。按照西方人的說法，使用豬脬子揉薄放入一個小圓，轉動豬脬子，裡面的小圓就懸在中央，沒有動靜也沒有任何倚靠，可以知道蛋白蛋黃的譬喻只是說它的狀況。上古聖人只說有這種事情存在而沒有進行分析，即使分析也沒有其他的討論，而後世則越測越精準。所以對於「地心」的理解，他自己也做實驗來觀察，得到「地」確實會在「天」的中央並且不動，隨後揭暄花了大篇幅來討論與說明〈地圓〉之事：

> 問。古云地方，今言其圓，何也。曰天圓則地圓，天地圓，故無物不圓。前既已言其端矣，而地之圓，則古無有知者，其說始於郭守敬，而詳於西氏。守敬見北極出地之不同，曰地是圓形；西氏則謂大地圓球，徑三萬里、周九萬里，環轉皆國土，環轉足底相對，處處是首頂天足履地，無或殊者。〔註55〕

有人問以前說地是方的，現在說是圓的，是為什麼。回答天圓則地就圓，天圓之事在此之前已經說的很清楚了，而地圓則以前沒有人知道，這說法是開始於郭守敬，有詳細論述的是西方人。守敬看到北極出地的不同，說地是圓

〔註54〕明・揭暄著，《璇璣遺述》，《叢書集成續編》，頁592。
〔註55〕明・揭暄著，《璇璣遺述》，《叢書集成續編》，頁593。

的；西方人說大地是圓球，環繞一圈都是國土，處處是頭頂天腳踩地，沒有哪處比較特殊。他說先說地球是圓的，然後就舉了例子來佐證，文曰：

> 一徵於日。日出有先後，如東方見食，西方尚未曉，西方見食，東方已黃昏矣，地圓弧撱故也。一徵於月。月食天下所見皆同，自東而西，差七千五百里，則西方早一時，地弧撱下故。一徵於星五緯。八月，月奄五緯，東方先見，西方未見，西方後見，東方不見，足徵東西環轉矣。……一徵於山。山雖高不損地之圓，同覆瓮埋地俱切底旁作眼，日出時，山之高者，日光射入，卑地亦射入，無先後也。一徵於水。天下凡水皆圓，如空庭之洒簷堦之濺不附於物者，無不自圓；几案之注杯缶之盈附於物者，無不半圓。水附於地，地圓水獨不中高乎，故水亦圓。一徵於冰雹。杯缶之水結冰，冰皆由中高下空，夏月所結之雹必外圓中空。一徵於火。人目所望不過十里，天地合矣非合也，把火夜行平地不過十里，火光滅矣非滅也，地圓撱也。〔註56〕

一驗證於日。日出有先後，東邊看到太陽西邊尚未看到，西方看到太陽東方已黃昏，是因爲地圓弧線是橢圓的。一驗證於月。月食時天下看到的都一樣，自東而西距離七千五百里，則西方早一點看到，是因爲地的弧度爲橢圓的。一驗證於五星。八月時，月亮掩蓋五星，東方先看到，西方還沒看到，西方後來看到了，東方就看不見，足以證明東西方環繞著。……一驗證於山，山雖高，不損地的圓，把倒過來的甕埋在地裡都把底切開當做孔穴，日出時，山比較高的日光能照射進來，山比較低的日光也能照射進來，沒有先後。一驗證於水。天下的水都是圓的，如灑掃時所濺出來的水就不會附在東西上，水附在地上，所以水也是圓的。一驗證於冰雹。杯子的水結冰，冰都是中高下空，夏天所結的雹一定是外圓中空。一驗證於火，人的眼睛所能看到的不過是十里，看到天地合在一起不是眞的合在一起，把火放在平地上不超過十里，火光滅了不是眞的滅了，是因爲地是圓的。揭暄所舉的都是日常生活中遇到的事，日出、月食、水與冰皆圓，用這些例子讓讀者更好理解「地是圓的」。最後，他說到「五大州」，並附上他自己繪製的地圖，文云：

> 地本圓形，以海面阻截分州者凡五。亞細亞合中土，在赤道北，爲一大州。南北亞墨利加，跨赤道南北，居中土東，爲一大州。歐邏巴，在赤道北，連中土西畔，爲一大州。利未亞，亦跨赤道南北，

〔註56〕明・揭暄著，《璇璣遺述》，《叢書集成續編》，頁593。

連中土西南畔，爲一大州。墨瓦蘭正居南極下，爲一大州，共五大
州，人環轉地面而居足相底相對，如中土金陵與南亞墨利加馬八作
國足對行也。此圖因天規，地亦分十二片，長面撱形去其空位湊合
則成球，地圓體本無初度，姑以福島爲始，南北寒暑反，東西晝夜
異，亦借此以便規算耳。〔註57〕

地本來就是圓形，以海洋來區分陸地分爲五州。亞細亞與中土一起，在赤道
北邊，爲一州。南北墨利加，跨越赤道南北，在中土的東方，爲一州。歐邏
巴在赤道的北邊，連著中土的西邊，爲一州。利未亞也是跨赤道南北，連著
中土的西南邊，爲一州。墨瓦蘭在南極下方，爲一州，共有五州。人是環繞
地面居住所以腳底是相對的，像中土的金陵城與南亞墨利加的馬八作國是相
對的。此圖因爲天的畫分，地也分成十二片，地圓本來就沒有起點，姑且以
福島爲開始的地方，以方便計算與規劃。揭暄雖然也是講「五大州」，他所劃
分的區域也與利瑪竇的一樣，但是他是以「海洋」來區分五大州，而從利瑪
竇以降有論述到「州數」的內容都是用「地勢」來劃分的。所以，揭暄雖然
接受了新地學的知識，但他所撰寫的內容都是自身已經做過實驗，或者是有
不同的想法才紀錄下來的，並沒有像其他士大夫接受了新說就直接套用。

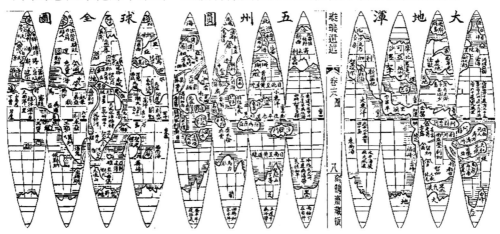

圖40：《璇璣遺述》中的〈大地渾五州圓球全圖〉

而時間進入到清，游藝在所撰《天經或問》，在卷一的圖文中就有放入〈諸
國全圖〉，並爲該圖稍作解釋，文曰：

　　……地輿者，按地在天中，如鷄子黃在青之內，天運旋於外地，靜

〔註57〕明・揭暄著，《璇璣遺述》，《叢書集成續編》，頁679。

處居中，人依圓體無方隅上下，蓋在天之內，還瞻非天也。故定一
圓圖，倣西士職方之遺意也。〔註58〕

大地在天的中間，就像雞蛋的蛋黃在蛋白裡面，天運轉在地的外面，地靜處
在中間，人站在圓體上沒有四方上下的區別，因為在天體之內，還仰望不同
的天，所以作一個圓圖，倣效西方傳教士的遺憾。之後，游藝在卷二中將「地
體」另外開篇章來討論，以一問一答的方式來進行說明，其文〈地體〉云：

問藏經以四方分為四州，鄒衍以瀛海環九州，外文長謂水際天是皆以
地為扁土也。今日天體渾圓，古人亦曰天如卵白，地如卵黃，是天包
於外地，亘於中也。然天乃輕清之氣，地乃重濁之滓，既為圓體，且
中能浮空而不墜乎，四面皆人何以安其居也，能辯其四方乎。〔註59〕

有人問佛教經點以四方分為四州，鄒衍說大海環繞著九州，外文長說水與天
的交合處是地，地是扁的。今天有人說天體是圓的，以前的人也說天像蛋白，
地像蛋黃，天包裹著地，盤桓在中間。但天是很輕的氣體，地是很重的污濁
物，既然是圓的，盤桓在天中央而不墜落，四面都是人怎樣住在上面，怎樣
分變四方的。他提出關於「地圓」的疑問，也說到古今之說都不一樣，所以
接著下文就是回答這些問題，他說：

日天地渾圓，本相聯屬，古人云，減一尺，地則多一尺，天然地亦
然也。以其形言之謂之地，唯天虛晝夜運旋於外地，實確然不動於
中也。而地四面，窪者為河海，突者為山嶽，平者為田地，人所居
立皆依圓體，天裹著他，運旋之氣，升降不息，四面緊塞，不容展
側，地不得不凝於中，以自守也。總無方隅四面都是上，無可墜處
適天之至中，亦無可倚。處天之東升西降亦就人所居而言，天則無
處非升非降，渾淪環轉而已。地圓則無處非中，唯指極星分東西南
北，測太陽定寒暑晝夜，故所居之地，日所照不同。〔註60〕

天地都是圓的，相連結，古人說減一尺地則多一尺，天這樣地也這樣。以形
狀來說地，只有天晝夜在地外面旋轉，地確實不動的在天的中央。而地四面，
低陷處就是河與海，突出的是山，平的是田地，人所居立都是靠在圓體上，
天裹著地，運旋的氣體升降不停，四面緊密，所以地不得不停在中間。所以

〔註58〕 清‧游藝著，《天經或問》，《景印文淵閣四庫全書》，頁583。
〔註59〕 清‧游藝著，《天經或問》，《景印文淵閣四庫全書》，頁587。
〔註60〕 清‧游藝著，《天經或問》，《景印文淵閣四庫全書》，頁587。

沒有四方，四面都可以當上方，不會墜落處在天的中央，也沒有倚靠。天的東升西降是因爲人所居住處來說，天哪有升降，就一直旋轉。地圓也沒有哪是中央，只有靠星星來分東西南北，觀測太陽來確定寒暑與晝夜。雖然游藝是認可「地圓」的，但他所解釋的內容是依據著他自己對天體運轉的認知來進行「地體」的解答，已經與利瑪竇所講的「地圓」有些許的不一樣了。

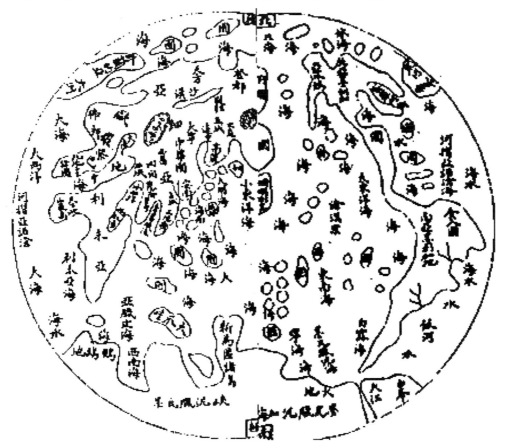

圖 41：《天經或問》中的〈諸國全圖〉

士大夫一直是個多疑的群體，即使他們接受了一部份的西方學說，但是他們需要自己思考過，或是檢驗過，才會放到自身的著作裡，而原封不動的將資料放置到文章裡的文人還是較少。所以從這些文人的著述內容來看，他們接受西方知識背後的想法，還是具有一定的優越感，對於這群「西儒」，從一開始就是檢視、檢驗，最後才是「何妨求野」。

第五章 結 論

　　身爲傳教士，羅明堅很清楚的知道他與中國人完全不同，不管是外表或是宗教，這種外來者的心理，在《天主實錄》的內容書寫能感受的到，從「僧」、「西竺」與「唐字」這些詞彙大概就能感受到那樣的心情。

　　利瑪竇對此，就完全不這麼認爲，他將自己塑造成「西儒」的形象，代表我們跟你們是一樣的，只是來自的國度不一樣，所以急迫的想要融入士大夫的交際圈，讓外來者的隔閡感消失，所以他成功了，並被稱爲「利先生」。

　　只是其他的傳教士，對於利瑪竇將傳教的方式與對象全都改成「士大夫」路線，並不是每個神父都能接受這樣的改變，就如龍華民神父一直在質疑利瑪竇用儒教經典詮釋基督教義，是不是讓士大夫完全誤讀了基督教義，讓他們無法接受眞正的天主之義。所以，龐迪我的《天主實義續篇》就採取折衷的路線，在身份上，他還是保留了士大夫的樣子，但在內容書寫則使用口語方式來行文，一來確保教義沒被過度詮釋，二來面的讀者群也不全然是士大夫，一般民眾也可進行閱讀。

　　龍華民神父擔心的狀況，不無道理，因爲李之藻就是最好的例子。他爲利瑪竇著作所撰寫的序文，就看得到這狀況。他是本身是接受完整的儒家教育，所以對於基督教義的理解，一定是使用儒家角度來觀看，且利神父的著述內容，所徵引的全都是經典古籍，李我存這樣詮釋天主之學，是必定的結果。也因爲利瑪竇這樣引經據典，他將基督教義附在儒家經典之下，這樣的認知，對於一個宗教來說，是嚴重的錯誤。

　　想快速融入當地並在知識份子這個群體裡有一定的聲望，利瑪竇所選擇的路線是沒問題的，從他受到士大夫的歡迎就可以證明。若以宗教發展，尤

其一個全新的宗教，要在異國紮根培養教友，利神父的決定不全部對，最少在教義的解釋方面，已經讓士大夫誤解，也讓他們不覺得這個宗教很重要，值得他們擺正態度，認真對待。

大部份的士大夫會開始接觸傳教士，大多都是從利瑪竇的世界地圖起了好奇的心。所以，傳教士也認為這樣的方式，有效的讓士大夫主動進教堂觀看地圖，只要願意進教堂與他們接觸，神父就有傳教的機會。神父們這樣的想法也沒有錯，只要願意交流，士大夫就有受洗的可能，只是他們都低估士大夫對西方知識的熱情。他們與傳教士密切往來，就是想知道神父們還有哪些知識可以直接幫助當時中國社會所存在的問題，反倒對神父所說的「天主教義」不那麼在乎。

所以，被傳教士視為「天堂」位置指示圖的「九重天圖」，在士大夫的眼裡，就直接成為解釋中國傳統「九天」最好的證據，連「九重天」的總動力層「宗動天」，也被士大夫詮釋為「眾動之宗」，若沒有基督教義的背景，士大夫的解讀算是正確的。

即使是接受傳教士帶來的知識，士大夫本身的好問與好思考，讓他們對這些學問是帶著疑問的心態在學習的。加上，不管是天文或地理的知識，都能被計算與測驗，所以一部份的士大夫，就對這些知識全部檢視一次，一一做實驗與紀錄，他們親自驗證西方學說的真實度。等這些實驗結果被整理出來，士大夫們才選擇是否要認同傳教士的說法，還是自己再提出其他說法。

這些選擇接受西方學識的士大夫，提出了「何妨求野」或「求諸野」的概念，這代表他們認為傳教士所帶來的學說，原本就是中國的，只是因為種種因素而失去流傳，反而在遙遠的國度保留這些內容。這樣的想法，也是隱隱的認為中國的文化還是沒有任何一個國家能比得上，這是種屬於士大夫的高傲。

選擇提出其他想法的文人，他們將從宋朝就出現的「天一重」觀念重新提出，加入新的資料與解釋去建立這個「一重天」，它最重要的立論點就是，這一重天的組成是由陰陽之氣互動所成的，所以能看到士大夫把傳統知識放到新的知識體系去討論。

不管是傳教士或士大夫，不管是接近傳教士或駁斥傳教士的士大夫，不管是要面對百姓還是面對士大夫的傳教士，他們都要先將對方的知識體系都了解大概，才能說服對方或反駁對方。重點在於，他們已經先將這些知道消

化吸收後，才又轉出變成文字或言語來表達，無疑的，是一場大型並且時間很長久的學術討論會。

最後是關於利瑪竇《坤輿萬國全圖》、南懷仁《坤輿全圖》與蔣友仁《坤輿全圖》閱讀方式的再思考。從民初到現在的學者研究內容可以知道，大概的研究方向分為天文、地理與神學三個面向，大多是單獨討論，至多是兩個一起討論，但，將這三者放在一起論述是否才是最正確的觀圖方式呢？

這是完整的宇宙觀的呈現，以《坤輿萬國全圖》為例，利瑪竇是表達教會傳統的天文觀，也就是加入神學的天文知識。它的組成是天主創造了宇宙，處在天堂看著地球。天體的組成是有九重，所以天主在第九重之上俯瞰人間，地球代表地獄與天堂的交界，也包含了當時歐洲所知道的「州」的數目。神學——天文學——地理學，這樣混合成利瑪竇的宇宙觀。

但，做為第一時間的讀者，明朝士大夫，才不會想了解這個地圖背後到底包含哪些思想以及隱喻的內容，他們只想就自己眼前所看到的，有興趣的進一步追問，所以在各自的著作中留下對這些地圖的哪一部份的說明，沒有士大夫再討論這些西方知識時，把神學當背景知識加入討論，對他們來說，基督教義沒有那麼重要，它們不過是補充儒家的不足，它的作用就如徐光啟所說的「補儒易佛」，最重視的還是讓儒家的學說更加完善。

最後，關於「傳教士」與「士大夫」的討論，其實沒有那麼簡單，還有許多面向與資料都可以再進行討論與補充，而筆者在撰寫論文的過程已先預設雙方的立場，所以必定會有其他角度的思考方式來研究這先問題。再加上，明末清初關於兩者所留存的資料實在很多，也無法全數收集與閱讀，所以在行文與分析的內容若有不足之處，需請各位前輩指正。

徵引書目

1. 宋・朱熹著；清・李光地、熊賜履等編，《御纂朱子全書》，《景印文淵閣四庫全書》，台北：台灣商務印書館，1983 年。

2. 明・丁致麟著；鐘鳴旦、杜鼎克、黃一農、祝平一等編，《楊淇園先生行蹟》，《徐家匯藏書樓明清天主教文獻》第一冊，台北：輔大神學院，1996 年。

3. 明・王英明著；清・紀昀等編，《曆體略》，《景印文淵閣四庫全書》，台北：台灣商務印書館，1986 年。

4. 明王圻、王思義編集，《三才圖會》，上海：上海古籍出版社，1995 年。

5. 明・方以智著，《物理小識》，《四庫全書珍本》，台北：台灣商務印書館，1981 年。

6. 明・艾儒略著；謝方校譯，《職方外紀校譯》，北京：中華書局，1996 年。

7. 明・馮應京輯；四庫全書存目叢書編輯委員會編輯，《月令廣義》，《四庫全書存目叢書》台南：莊嚴文化，1996 年。

8. 明・李之藻著；吳相湘主編，《同文算指》，《天學初函》，台北：臺灣學生書局，1965 年。

9. 明・利瑪竇著；朱維錚主編，《利瑪竇中文著譯集》，上海：復旦大學出版社，2001 年。

10. 明・利瑪竇著；四庫全書存目叢書編纂委員會編纂，《天主實義》，《四庫全書存目叢書・子部九三》，台南：莊嚴文化事業有限公司，1995 年。

11. 明・利瑪竇著，《乾坤體義》，《景印文淵閣四庫全書》，台北：台灣印書館，1986 年。

12. 明・利瑪竇，金閣尼著；何高濟，王遵仲，李申譯，《利瑪竇中國札記》，北京：中華書局，2014 年。

13. 明・徐光啓等；吳相湘主編，《天主實義續篇》，《天主教東傳文獻續編》，台北：臺灣學生書局，1966 年。

14. 明・徐光啓著；王重民輯校，《徐光啓集》，台北：明文書局，1986 年。

15. 明・徐光啓等撰；吳相湘主編，《辯學疏稿》，《天主教東傳文獻續編》，台北：臺灣學生書局，1966 年。

16. 明・徐光啓等撰；吳相湘主編，《造物主垂象畧說》，《天主教東傳文獻三編》，台北：臺灣學生書局，1984 年。

17. 明・徐光啓等撰；吳相湘主編，《天釋明辨》，《天主教東傳文獻續編》，台北：臺灣學生書局，1966 年。

18. 明・徐光啓等撰；吳相湘主編，《代疑篇》，《天主教東傳文獻》，台北：臺灣學生書局，1964 年。

19. 明・章潢著，《圖書編》，台北：成文出版社，1971 年。

20. 明・揭暄著，《璇璣遺述》，《叢書集成續編》，台北：新文豐，1989 年。

21. 明・熊三拔著，《表度說》，《景印文淵閣四庫全書》，台北：台灣商務印書館，1983 年。

22. 明・熊明遇著；四庫禁燬書叢刊編纂委員會編輯，《綠雪樓集》，《四庫禁燬書叢刊》，北京：北京出版社，2000 年。

23. 明傅汎際譯，明李之藻達辭，《寰有詮》，《四庫全書存目叢書》，台南：莊嚴文化，1995 年。

24. 明・陽瑪諾著；清・紀昀等編纂，《天問畧》，《景印文淵閣四庫全書》，台北：台灣印書館，1986 年。

25. 明・羅明堅著；鐘鳴旦，杜鼎克編，《天主實錄》，《耶穌會羅馬檔案館──明清天主教文獻》第一冊，台北：利氏學社，2002 年。

26. 明・蘇若望著；鐘鳴旦，杜鼎克編，《聖教約言》，《耶穌會羅馬檔案館──明清天主教文獻》第二冊，台北：利氏學社，2002 年。

27. 明・羅明堅著；鐘鳴旦，杜鼎克編，《龐子遺詮》，《耶穌會羅馬檔案館──明清天主教文獻》第二冊，台北：利氏學社，2002 年。

28. 明・羅明堅著；周燮藩主編，《天主實錄》，《中國宗教歷史文獻集成 52》，合肥：黃山書社，2005 年。

29. 清・周于漆著，《三才實義・天集》，《續修四庫全書》，上海：上海古籍出版社，1995 年。

30. 清・南懷仁著，《坤輿格致畧》，《法國國家圖書館明清天主教文獻 5》，台北：台北利氏學社，2009 年。

31. 清・游藝著；清・紀昀等編，《天經或問》，《景印文淵閣四庫全書》，台北：台灣商務印書館，1986 年。

32. 清・蔣友仁著，《地球圖說》，《續修四庫全書》，上海：上海古籍書版社，1995 年。

33. 清・張廷玉等撰；楊家駱主編，《曆一》，《新校本明史并附編六種》，台北：鼎文書局，1998 年。

34. 清・張廷玉等撰；楊家駱主編，《輿服三》，《新校本明史并附編六種》，台北：鼎文書局，1998 年。

35. 清・楊文言著；續修四庫全書編輯委員會編輯，《曆象本要》，《續修四庫全書》，上海：上海古籍出版社，1995 年。

36. 清・張雍敬著；續修四庫全書編輯委員會編輯，，《定曆玉衡》，《續修四庫全書》，上海：上海古籍出版社，1995 年。

37. 黃時鑒、龔纓晏著，《利瑪竇世界地圖研究》，上海：上海古籍出版社，2004 年。

38. 古希臘・亞里斯多德著；吳壽彭譯，《形而上學》，北京：商務印書館，1995 年。

39. 古希臘・亞里斯多德著；苗力田主編，《論天》，《亞里士多德全集》，北京：中國人民大學出版社，1997 年。

40. 意大利・聖多瑪斯・阿奎那著；周克勤等譯，《神學大全——第二冊：論天主創造萬物》，台南：碧岳學社與中華道明會聯合發行，2008 年。

41. 意大利・但丁著；郭素方改寫，《神曲》，台中：好讀出版有限公司，2013 年。